놀라운 돈의 역사

놀라운 돈의 역사

2025년 6월 15일 초판 1쇄 인쇄
2025년 7월 5일 초판 1쇄 발행

글쓴이   알렉스 울프
그린이   닉 테일러
옮긴이   이규리
펴낸이   김상미, 이재민

편집   이지완
디자인   나비

펴낸곳   (주)너머_너머학교
주소   서울시 서대문구 증가로20길 3-12 1층
전화   02)336-5131, 335-3366, 팩스 02)335-5848
등록번호   제313-2009-234호

ISBN   979-11-92894-50-8   73510

Money A Richly Illustrated History
Text copyright © 2024 by Alex Woolf
Illustration copyright © 2024 by Nick Taylor
Design copyright © 2024 by Big Picture Press
First published in the UK in 2024 by Big Picture Press, an imprint of Bonnier Books UK
5th Floor, HYLO, 105 Bunhill Row, London, EC1Y 8LZ
Owned by Bonnier Books
Sveavägen 56, Stockholm, Sweden
Korean edition copyright © 2025 by Nermer Inc.
All rights reserved.
This Korean edition is published by arrangement with Big Picture Press, an imprint of Bonnier Books UK Ltd,
through Shinwon Agency Co., Seoul.

너머북스와 너머학교는 좋은 서가와 학교를 꿈꾸는 출판사입니다.
https://blog.naver.com/nermerschool

놀라운 돈의 역사

알렉스 울프 글 | 닉 테일러 그림 | 이규리 옮김
최한수(경북대학교 경제통상학부 교수) 감수

너머학교

차례

- 6 마법의 종이
- 8 돈이 여러 가지라고?
- 10 세상에 돈이 없다면

돈이 처음 생겼을 때
- 12 최초의 돈은 아주 다양했어
- 14 이런 것도 화폐라고?

금속으로 만든 돈
- 16 최초의 동전
- 18 동전은 어떻게 퍼져나갔을까?
- 20 동전의 가치를 떨어뜨리다
- 22 인플레이션이란?

종이로 돈을 만들다
- 24 최초의 지폐
- 26 유럽에서 지폐가 등장하다

돈과 은행
- 28 최초의 은행들
- 30 중세 시대의 은행
- 32 현대 은행업이 시작되다
- 34 옛날에 존 로라는 사람이 있었는데…
- 36 오늘날의 은행
- 38 은행이 망하면?

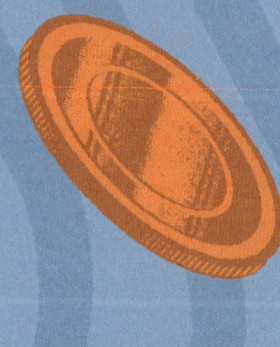

돈과 신용
- 40 대출의 법칙 몇 가지
- 42 소비자 신용의 발명
- 44 신용카드 등장하다
- 46 빚은 무서워

돈과 경제
- 48 경제란 무엇일까?
- 50 세금이 가지가지
- 52 금융시장이란?
- 54 부와 가난과 불평등

금본위제란?
- 56 금으로 화폐 가치를 떠받치는 제도
- 58 금의 시대
- 60 외국 돈을 사고 팔다

돈과 초인플레이션
- 62 돈이 통하지 않는 순간
- 64 독일이 겪은 초인플레이션

가짜 돈
- 66 가짜 동전부터 위조지폐까지
- 68 위조지폐를 방지하는 다양한 기술

현대의 돈
- 70 돈이 보이지 않는다
- 72 대체화폐
- 74 암호화폐란?
- 76 돈의 미래는?

- 78 용어 해설

마법의 종이

돈이란 건 정말 신기해. 지폐를 들고 가게에 가면 물건을 살 수 있잖아. 지폐는 그저 작은 종이 조각일 뿐인데 말이지. 지폐를 만드는 재료는 비싸지 않아. 지폐를 만드는 데 필요한 재료비 정도로는 살 수 있는 게 거의 없어. 지폐로 물건을 사고팔 수 있는 건 사람들이 그렇게 하기로 약속했기 때문이야. 동전이나 신용카드도 마찬가지야. 어쩌면 돈이란 우리 모두가 기꺼이 속기로 한 마술 같기도 해. 우리가 믿는 한 그 마술이 계속 통하는 거지.

돈이 특별한 이유는?

우리는 왜 다른 무엇이 아닌 돈으로 값을 치르는 걸까? 이 책에서 자세하게 살펴보겠지만, 가장 중요한 이유는 우리가 돈을 믿는다는 거야. 네가 손님으로 들어간 가게에서 일하는 점원은 네가 누군지 모르고, 너를 믿지도 않아. 하지만 네가 내는 돈은 믿어. 계산대 너머로 돈을 내미는 순간, 점원은 네가 낸 그 돈을 가지고 나중에 자기가 필요한 물건을 살 수 있다는 걸 알아. 네가 낸 돈을 다른 사람도 받고 자기에게 필요한 물건을 줄 거라는 걸 알기 때문에 이 흐름은 계속 이어져.

교환 수단

돈에는 세 가지 기능이 있어. 첫째, 우리는 돈을 가지고 필요한 물건이나 일과 교환해. 둘째, 돈에는 가치가 있어서 시간이 지나도 계속 쓸 수 있어. 셋째, 가격을 정할 때도 돈을 기준으로 삼지. 돈을 필요한 물건과 맞바꿀 수 있다는 첫째 기능은 앞에서 이미 살펴보았어. 다시 말해, 우리는 값을 치러야 할 때 돈을 내. 바나나로 값을 치를 수도 있어. 내가 값을 치를 사람이 바나나를 원하지 않는다면 안 되겠지만 말이야. 그렇지만 돈이 있다면 시장에서 파는 것은 뭐든 살 수 있지.

가치를 저장하는 수단

돈은 모아 둘 수 있고 시간이 지나도 가치가 사라지거나 줄지 않아. 그런 점에서 돈은 가치를 저장하는 수단이라고 할 수 있어. 즉 지금 당장 쓰지 않는 돈은 은행에 넣어 둘 수 있어. 귀한 금속이나 보석류, 값비싼 미술 작품 등도 비슷한 역할을 해. 하지만 더운 날이면 금방 녹아서 가치를 잃어버리는 아이스크림은 그럴 수 없지.

가격을 정하는 기준

마지막으로 돈은 가격, 즉 사물의 가치를 정하는 기준 역할도 한단다. 네가 가게에 가서 샐러드 그릇을 사려고 하는데 어떤 것은 그림용 붓 다섯 개 가격을 받고, 또 어떤 것은 포크 네 개 가격을 받는다고 상상해 봐. 그럼 어느 쪽이 더 비싼 그릇인지 도무지 알 수 없겠지. 우리는 가격을 비교하기 위한 공통 기준으로 돈을 활용해.

돈이 여러 가지라고?

돈은 사람들이 믿기 때문에 쓰여. 물론 사람들이 무조건 돈을 믿는 건 아니야. 믿을 만한 이유가 있어야 하지.
어떤 화폐는 금이나 은처럼 값비싼 재료로 만들어졌기 때문에 가치를 믿을 수 있어. 이런 돈은 '물품화폐'라고 해.
가치가 있는 무언가를 상징하기 때문에 믿을 수 있는 화폐도 있어. 이런 돈은 '대표화폐(교환 가능 화폐)'라고 부르지.
세 번째는 정부가 '이 돈은 가치가 있다'고 선언했기 때문에 믿을 수 있는 화폐야.
이런 돈은 '명목화폐(교환 불가 화폐)'라고 부른단다.

물품화폐

가장 처음 등장한 돈은 전부 물품화폐였어. 금과 은 같은 귀한 금속뿐만 아니라 소금, 차, 조개껍데기(12~19쪽 참고) 등등 다양한 물건이 물품화폐로 쓰였어. 요즘에도 전쟁이 일어나 정부가 안정적이지 않을 때, 원래 쓰던 화폐가 부족하거나 믿음을 잃었을 때 물품화폐를 쓰곤 해. 감옥이나 난민캠프처럼 닫힌 공동체 안에서도 종종 물품화폐를 쓴단다. 물품화폐는 가치를 바로 알 수 있어서 유용해. 단점이 있다면 '화폐 훼손'(20쪽 참고)이란 문제야. 금화 한 개의 가치가 그 동전을 만든 재료인 금의 가치와 같다고 생각해 보자. 만약 누군가 값을 치르기 전에 금화에서 금을 살짝 떼어내면 어떻게 될까? 그 금화의 가치가 떨어지겠지? 이런 것을 화폐 훼손이라고 해.

대표화폐

대표화폐 또는 교환 가능 화폐는 화폐 훼손을 막기 위한 방법이야. 대표화폐는 만드는 재료가 아니라 무엇을 상징하는지가 중요해. 예를 들어 금을 상징하는 화폐의 가치는 금 자체에 의해 보장돼(56~57쪽 참고). 원칙적으로 그 돈을 정부에 가져가면 똑같은 값어치만큼 금으로 돌려받을 수 있다는 거야. 실제로 그렇게 하는 사람은 없지만, 정부에서 대표화폐에 가치가 있다고 정했다는 게 중요해. 중요한 건 정부에서 대표화폐를 정해진 양만큼만 만들 수 있다는 거야. 예를 들어 대표화폐의 가치가 금으로 뒷받침될 때는 정부 금고에 금이 있는 만큼만 대표화폐를 만들 수 있어. 전 세계적으로 질병이 유행하거나 전쟁이 일어나 정부에서 돈을 많이 풀어야 할 때 이 점은 문제가 될 수 있단다.

명목화폐

명목화폐 또는 교환 불가 화폐는 두 가지가 대표화폐와 달라. 먼저, 명목화폐는 실제 물건이 아니라 정부가 그 가치를 보장한단다. 또, 명목화폐를 얼마나 찍어 낼지는 정부가 결정할 수 있어. 우리나라의 '원'화, 미국의 '달러'화, 일본의 '엔'화 등이 모두 명목화폐에 속해. 대부분은 별문제 없이 명목화폐를 쓸 수 있어. 그렇지만 화폐를 얼마까지 찍어도 되는지 그 한도가 정해져 있지 않은 상황에서 정부가 돈을 너무 많이 찍어 내면 인플레이션(22쪽 참고)이 벌어져. 인플레이션이 되면 같은 돈으로 살 수 있는 물건이 줄어들지.

설명을 계속하기 전에 돈과 관련된 용어 몇 가지를 알려줄게.

법정통화

'법정통화'는 거래를 하거나 빚을 갚을 때 쓸 수 있다고 법으로 정한 화폐야. 그렇다고 해서 가게 점원이 그 돈을 무조건 받아 줘야 하는 것은 아니야. 예를 들어, 사과 한 알을 사면서 오만 원권 지폐를 내미는 손님에게 점원은 거절할 수 있어. 거스름돈이 없을 경우에 말이야. 원화, 달러화, 엔화 등은 대표통화이자 법정통화야. 수표나 카드는 법정통화에 들어가지 않지만, 나중에 법정통화로 맞바꿀 수 있어.

현금

현금은 지폐나 동전처럼 직접 만질 수 있는 돈을 말해. 현금은 돈을 빌리거나 빌려줄 때 쓰는 신용 형태의 돈(40~47쪽 참고)과 다르고, 한 은행 계좌에서 다른 계좌로 통신을 통해 보내는 '전자화폐(70~71쪽 참고)'와도 달라. 요즘은 사람들이 물건을 살 때 디지털 결제를 많이 써서 예전만큼 현금이 돌지는 않아. 그래도 현금으로 결제하면 무엇을 사고팔았는지 드러나지 않고 정부나 기업이 그런 정보를 알기 어렵다는 점 때문에 현금을 더 좋아하는 사람들도 있어.

통화

통화는 어떤 나라나 공동체에서 보통 쓰는 화폐 시스템을 일컫는 말이야. 예를 들어, 미국의 통화는 달러고 프랑스의 통화는 '유로'지. 통화의 가치는 각각의 통화가 맺고 있는 관계에 따라 오르기도, 내리기도 해. 외환시장(60쪽 참고)에서, 사람들은 이득을 보기 위해서 통화를 사고팔아. '암호화폐(74~75쪽 참고)'는 중앙 정부가 화폐 가치를 보장하지 않는 디지털 통화야.

세상에 돈이 없다면

돈이 왜 유용한지 알려면 돈이 없는 세상을 상상해 보면 돼. 돈이 없는 세상에서 필요한 것을 얻으려면 어떻게 해야 할까? 물건을 직접 만들거나, 기르거나, 다른 사람에게 얻어야만 하겠지. 네가 필요한 물건을 다른 사람이 그냥 줄 이유는 없으니까 말이야. 이렇게 돈을 쓰지 않고 각자 필요한 물건이나 서비스를 주고받는 방식을 '물물교환'이라고 불러.

물물교환과 선물

돈이라는 개념이 전혀 없었던 사회는 지금껏 없었어. 그렇지만 고대 사람들은 돈을 사용하는 동시에 물물교환을 했어. 돈으로 물건이나 서비스의 값을 치르는 대신 각자 가진 물건이나 일손을 맞바꾸곤 했지. 또 어떤 사람들은 보답을 바라지 않고 도움이 필요한 사람에게 물건이나 도움을 그냥 선물로 주기도 했어. 그러면 사람들의 인정을 받고 주변 사람들과 더 돈독하게 지낼 수 있었거든.

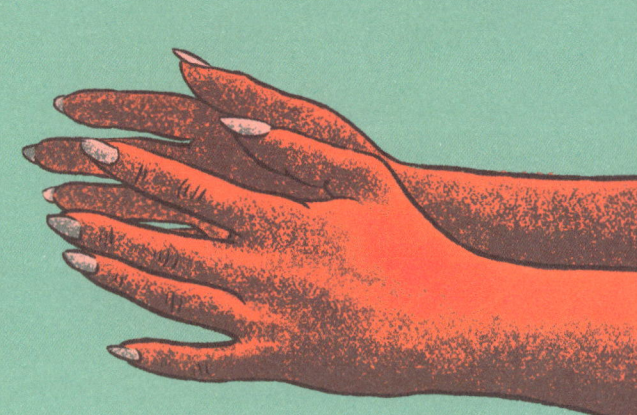

원하는 것이 맞아떨어질 수 있을까?

물물교환은 주고받는 물건이나 서비스의 가치가 가격처럼 딱 정해져 있지 않아. 그래서 공정한 거래라고 확신하기 어려워. 또 물물교환을 하려면 서로 원하는 것이 맞아떨어져야 한다는 문제도 있지. 다시 말하면, 교환에 참여하는 양쪽이 서로가 원하는 것을 이미 가지고 있어야 해. 그렇지 않다면 교환이 이루어질 수 없지.

오늘날의 물물교환

초인플레이션(62~65쪽 참고)처럼 돈의 가치가 크게 떨어져 제 역할을 하지 못하게 되면 물물교환이 다시 등장하기도 해. 서로가 서로를 잘 알고 돌보는 공동체에 속한 사람들은 물건이나 서비스를 더 자주 교환해. 요즘은 온라인 물물교환 사이트에서, 돈을 주고받는 대신 각자 가진 물건을 맞바꿔. 이런 사이트에는 사람들이 아주 많으니 서로 원하는 것이 맞아떨어질 확률이 더 높지. 네 롤러스케이트를 「스타워즈」에 나오는 광선 검과 맞바꾸고 싶어 하는 사람을 만날 수 있을지도 몰라.

최초의 돈은 아주 다양했어

돈이 맨 처음 생겼을 때는 지금과 생김새가 아주 달랐어. 옛날 옛적에는 종이나 인쇄 기술, 아니면 금속을 녹여서 동전으로 찍어 낼 기계가 없었으니 사람들은 자연에서 찾을 수 있는 것들을 화폐로 써야 했어. 맨 처음 등장한 화폐는 무엇으로 만들었는지에 따라 값어치가 결정되는 물품화폐였어. 그런데 최초의 물품화폐는 교환 수단으로 아주 큰 역할을 하지는 못했어. 왜냐하면 모든 사람들이 귀하게 생각하지는 않았거든.

돈을 교환 수단으로 잘 쓰기 위해서는 다섯 가지 기본 조건이 필요해. 돈은 말이야,

1. 내구성이 있어야 해(오래 가야 해).
2. 대체할 수 있어야 해(하나하나의 모양이 서로 같아야 하고, 그 각각을 맞바꿀 수 있어야 해).
3. 휴대할 수 있어야 해(쉽게 들고 다닐 수 있어야 해).
4. 모든 사람이 받을 수 있어야 해.
5. 양이 정해져 있어야 해.

고대에 쓰인 화폐들 중 이 조건을 모두 만족하는 것은 없었어. 그래서 고대 화폐들은 결국 사라졌어.

개오지 조가비

먼 옛날에는 조개껍데기와 구슬이 돈으로 흔하게 쓰였어. 기원전 1200년쯤 인도양과 태평양 연안에 모여 살던 사람들이 개오지 조가비를 처음으로 화폐로 썼어. 개오지 조가비는 시간이 지나도 변하지 않았고, 들고 다니기도 편했고, 크기와 모양이 비슷해 대체하기도 쉬웠어. 다른 문화권과 교역을 많이 하게 되면서, 유럽에도 개오지 조가비를 돈으로 활용하는 나라들이 생겼어.

왐펌

북아메리카에 살았던 아메리카 선주민 부족들은 조가비를 구슬처럼 꿴 '왐펌'이라는 물건을 화폐로 쓰기도 했어. 왐펌은 쇠고둥 껍데기와 조가비 구슬을 실에 꿰거나 허리띠에 엮어서 만들었어. 처음에는 부족 의식 때 쓰거나 선물로 주려고 만들었지만, 17세기 초부터는 아메리카 선주민과 식민지를 개척하러 온 유럽인들이 무역을 할 때 쓰이기 시작했어. 왐펌은 1637년부터 1661년까지 북아메리카 뉴잉글랜드에서 법정통화로 사용되기도 했어. 왐펌을 만들려면 기술이 필요했기 때문에 만들 수 있는 양이 정해져 있었어. 이로 인해 왐펌의 화폐 가치가 높아지기도 했지. 시간이 지나면서 유럽인 식민지 개척자들은 다른 화폐를 쓰기 시작했지만, 많은 아메리카 선주민 부족들은 19세기 중반까지도 왐펌을 화폐로 사용했어.

생물을 그대로

개오지 조가비나 왐펌을 쓰기 한참 전에는 소나 양, 낙타 같은 가축을 화폐로 쓰기도 했어. 야생동물을 가축으로 길들이기 시작한 기원전 9,000년쯤부터 그랬지. 시베리아에서는 순록을, 말레이 제도 가운데에 있는 보르네오섬에서는 버팔로를 화폐로 썼어. 고대 그리스인은 황소 마릿수를 기준으로 물건의 가격을 정했고, 히타이트인은 양을 기준으로 삼았어. 아일랜드에 살던 바이킹족은 심지어 사람을 물건과 맞바꾸기도 했는데, 노예로 삼기 위해 끌고 온 사람들이었어.

동물에게서 얻은 것들로

동물의 뿔, 이빨, 엄니, 양가죽, 소가죽 등을 화폐로 쓰는 공동체 사회도 있었어. 피지 선주민은 고래 이빨을, 캐나다 선주민은 유럽인 식민지 개척자들과 교역할 때 비버 가죽을 화폐로 썼어. 중앙아메리카에 살던 마야족은 금을 살 때 케찰이라는 새의 청록색 깃털로 값을 치르기도 했지. 흥미로운 건 요즘 쓰는 화폐에도 동물성 성분이 들어간다는 사실이야. 오늘날 지폐는 폴리머라는 플라스틱 섬유로 만드는데, 이 섬유에 동물성 지방이 아주 조금 들어가거든.

가죽을 돈으로

기원전 6세기부터 고대 로마와 카르타고(현대 튀니지), 갈리아(현대 프랑스) 등에서 여러 동물의 가죽을 돈으로 사용하기 시작했어. 러시아에서는 18세기 초반까지 가죽을 돈으로 썼어. 중국 한무제(기원전 141~87년 재위)는 자기 소유의 흰 사슴 가죽으로 돈을 만들었어. 가죽 돈은 더 이상 쓰이지 않지만 달러의 속어인 '벅'(동물 수컷) 등에 그 흔적이 남아 있지.

이런 것도 화폐라고?

지폐와 동전이 만들어지기 전에는 별의별 물건을 화폐로 썼어. 보리, 쌀, 옥수수, 밀처럼 먹을 수 있는 곡식도 그중 하나였지. 중국 사람들은 벽돌처럼 뭉쳐서 단단하게 굳힌 차를, 오늘날의 멕시코 지역에 살던 아즈텍족은 카카오 열매를, 고대 아프리카와 중동 사람들은 커피 원두로 가격을 매겼어. 서아시아의 유프라테스강과 티그리스강 주변에 살던 메소포타미아인은 오늘날 은행 금고에 돈을 보관하는 것처럼 창고에 곡식 자루를 모아 뒀어. 음식은 제대로 보관하기만 하면 돈으로 쓸 수 있어. 하지만 태풍이 오거나 흉년이 들면 그동안 쌓은 부를 전부 잃어버릴 수도 있지!

먹을 수 있는 돈

특이한 음식들이 세계 곳곳에서 교환 수단으로 쓰였어. 그중 몇 가지를 소개할게.

버터
1620년에 메이플라워호를 타고 북아메리카 대륙에 도착한 청교도 사람들은 버터를 몇 통씩 가져와서 돈 대신 썼어. 제2차 세계 대전 시기 노르웨이에 살던 사람들도 물건을 사고팔 때 버터를 썼지.

장어
훈제 장어를 잘 말리면 보관이 쉽고 몇 달이 지나도 상하지 않아. 그래서 중세 잉글랜드 사람들은 말린 훈제 장어를 화폐로 썼어. 주로 집이나 땅을 빌리는 대가인 임대료를 말린 훈제 장어로 냈대.

코코넛
파나마 근처 카리브해 연안의 섬에 살던 쿠나 얄라 사람들은 나무에 열리는 열매를 돈처럼 썼어. 코코넛을 모아다가 다른 물건과 맞바꿨대.

달걀
남아메리카의 베네수엘라 사람들은 2018년부터 2020년까지 심각한 초인플레이션(62~65쪽 참고) 때문에 힘든 시간을 보냈어. 당시 베네수엘라 기업들은 직원들에게 보너스로 달걀을 주었다고 해.

치즈
이탈리아 북부의 에밀리아로마냐주에 있는 은행은 치즈를 돈처럼 받곤 했어. 그 지역에서 치즈를 만들어 파는 농부들은 동그란 파르메산 치즈 덩어리 여러 개를 담보로 잡고 은행에서 현금 대출을 받았대.

박과 열매
1800년대 초, 서인도 제도의 아이티에서는 박과 열매(둥근 호박, 길쭉한 호박, 멜론 등이 박과에 속해)를 국가의 공식 화폐로 정했어. 아이티 공용어로 이 박과 열매를 '구르드'라고 부른단다. 이제는 열매를 화폐로 쓰진 않지만 구르드라는 이름은 오늘날까지도 아이티에서 화폐 단위로 쓰이고 있어.

빵
고대 이집트에서는 한 달 치 봉급을 보통 빵 열 덩어리와 하루치 맥주로 계산했대.

감자 으깨는 도구

고대 카메룬에서는 감자 으깨는 도구를 화폐로 썼어. '엔수바'라는 이 도구는 무거운 금속으로 만들어졌고, 꼭 몽둥이처럼 생겼어.

키시 페니

'키시 페니'는 20세기 중반까지 서아프리카에서 주로 쓰였던 화폐야. 금속으로 만든 길쭉한 막대로, 스무 개를 한 묶음으로 묶어 썼지. 소 한 마리를 사려면 키시 페니 묶음 서른에서 마흔 개 정도 필요했어.

철로 만든 뱀

아프리카의 부르키나파소에 살던 로비족은 철로 만든 뱀 모형을 화폐로 썼어. 뱀에 물리거나 벼락 맞는 걸 피하려고 이 철 뱀 모형을 종아리에 차고 다니기도 했대

칼

기원전 600년부터 200년까지 고대 중국에서는 커다란 청동 칼을 화폐로 썼어. 전해 오는 이야기에 따르면, 자신이 거느린 병사들에게 줄 돈이 없었던 어느 왕자가 병사들에게 물건값으로 칼을 줘도 된다고 허락한 뒤부터 칼을 화폐처럼 썼다고 해.

라이 스톤

태평양의 작은 섬 중 하나인 얍섬에는 세상에서 가장 큰 화폐가 있어. 이 섬에서 화폐로 쓰는 '라이 스톤'은 가운데에 구멍이 뚫린 얇고 납작한 원 모양 돌이야. 하나의 무게가 8톤까지 나간대. 이렇게 무거우니 옮기기가 너무 힘들어서 매일매일 하는 간단한 돈거래에는 쓰지 않아. 예식 선물, 동맹을 맺을 때, 또 큰 잘못을 사과하고 갈등을 풀어야 할 때 주고받는다고 해.

15

최초의 동전

동전은 기원전 5~6세기에 처음 등장했지만, 그전에도 금속은 화폐로 쓰였어. 금속 고리, 철봉, 낚시용 바늘 등을 예로 들 수 있지. 화폐의 여러 재료 중 특히 금속은 장점이 많았어. 잘 망가지지 않고, 뜨거운 불로 녹여서 똑같은 크기로 작게 찍어 낼 수 있잖아. 그러면 들고 다니기도 좋고 돌려 가며 쓸 수 있지. 게다가 금이나 은처럼 귀한 금속은 양도 제한적이고 어디서든 귀하게 여겨져. 금속은 화폐로 쓰이기에 필요한 기본 조건을 모두 갖추고 있었어. 금속을 알맞은 모양으로 찍어 내는 문제만 남아 있었지.

금속 원반

동전을 구, 정육면체, 아니면 삼각형 모양으로 만들 수도 있었어. 하지만 가장 바람직한 형태는 가운데에 구멍이 뚫린 납작한 원, 즉 원반 모양이야. 원반은 모서리가 둥글어 닳지 않고, 납작하니 개수를 셀 때 쌓기 좋아. 평평한 표면에 멋진 디자인을 도장 찍듯 꾹 눌러 새길 수도 있는데, 이런 점에서 동전은 그전에 쓰던 화폐들과 달랐어. 왕의 얼굴 같은 권위 있는 상징을 꾹 찍어서 동전이 법으로 정한 화폐라는 걸 강조할 수도 있어.

리디아의 사자

동전은 기원전 600년경 리디아(오늘날 튀르키예)에서 가장 처음 만들어졌어. 이 동전은 '리디아의 사자'라고 알려져 있어. 윗면에 리디아의 왕을 상징하는 사자가 우렁차게 포효하는 그림이 찍혀 있거든.
이 동전은 금과 은을 녹여서 섞은 호박금이라는 금속으로 만들었어. 기원전 560년부터 546년까지 리디아를 다스린 크로이소스왕이 최초로 금화를 만들었다고도 해. 크로이소스왕이 얼마나 부유했냐면 그의 이름을 따서 '크로이소스만큼 돈이 많다'는 말이 유행할 정도였대.

그리스와 페르시아의 동전

리디아 바깥 다른 세상에 사는 무역상들에게도 동전이 아주 쓰기 편하다고 알려지기 시작했어. 몇십 년이 지나자 페르시아에서도, 그리스의 도시국가 아테네, 아이기나, 코린토스에서도 금과 은으로 자기 나라의 동전을 찍어 냈어. 이때 만든 동전은 그 동전을 만든 재료와 같은 가치를 갖는 물품화폐(이때는 대표화폐 또는 교환 가능 화폐라는 개념이 아직 없었어. 8쪽 참고)였단다.

세계 최초의 동전에는 사자가 찍혀 있었어.

동전은 어떤 기술로 만들었을까?

처음에 동전은 모루 위에 금속 덩어리를 올려놓고 망치로 납작하게 두드리는 방식으로 만들었어. 왕의 얼굴이나 상징을 동전 표면에 눌러 새길 때는 '펀치'라는 도구를 썼어. 기원전 350년쯤, 중국 사람들이 금속을 녹여 틀에 붓고 굳히는 방법('주조'라고 해)으로 둥근 동전을 만들기 시작했어. 이렇게 만든 동전을 주화 또는 주전이라고 해. 중세 유럽에서는 먼저 막대기 모양으로 만든 금속을 모루 위에 놓고 망치로 두드려서 납작하게 만들었어. 다음으로 이 네모난 금속을 '파일과 트러셀'이 쌍을 이루는 금형에 끼우고 두드려서 모양을 새겨. 그러고는 금속을 다듬는 도구로 동그랗게 다듬었어.

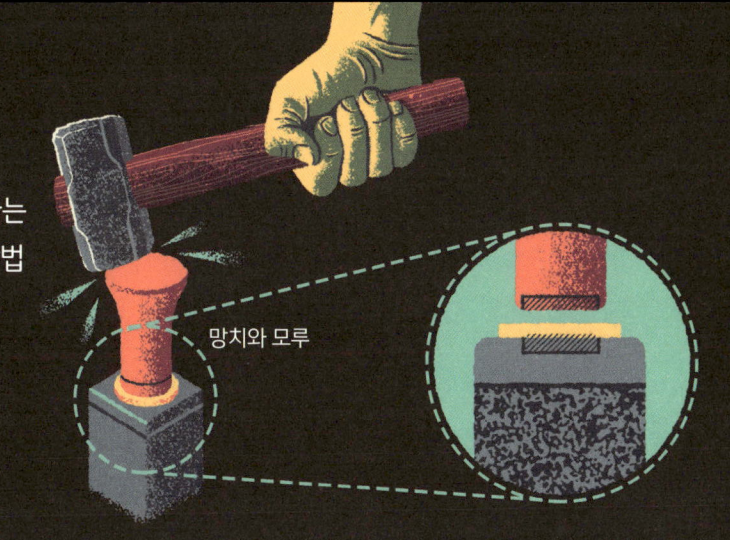

망치와 모루

동전을 찍어 내는 기술은 '나선 프레스(압착기)'라는 기계를 쓰기 시작하면서 크게 발전했어. 고대 로마인이 처음 발명했다고 알려진 나선 프레스는 원래 와인이나 올리브 오일을 만들 때 쓰는 기계였어. 1553년에 오방 올리비에라는 프랑스인 기술자가 금속을 평평하게 눌러 펴 원반 모양으로 만들 수 있도록 개량한 나선 프레스를 발명했어. 1780년대에는 증기로 움직이는 나선 프레스가 나와 동전을 1분에 84개씩 만들 수 있게 되었지. 20세기 초반부터는 전기를 써서 동전을 찍어 내기 시작했어.

금형을 이루는 파일과 트러셀

나선 프레스

동전은 어떻게 퍼져 나갔을까?

동전이 돌면서 돈을 들고 다니기 훨씬 쉬워지자 더 많은 지역에서 더 많은 사람들이 무역에 참여하게 됐어. 물건과 동전을 들고 도시에서 도시로 이동하며 무역을 하는데 도시마다 각기 다른 동전을 쓰고 있어서 서로 다른 동전이 뒤섞이며 혼란이 생기기도 했지. 어쨌든 중요한 건 각각의 동전에 담긴 금속의 값어치였고 무게로 그 값어치를 측정했기 때문에 무역상들은 저울 세트를 항상 지니고 다녔단다.

시민의 자부심이 담긴 동전들

초기 동전에는 주로 지역의 문화를 나타내는 그림이 그려져 있었어. 가령 고대 그리스의 동전에는 동물, 새, 벌레, 신화에 나오는 짐승과 신들의 그림이 새겨져 있었어. 코린토스에서 만든 동전에는 그리스 신화 속 날아다니는 말, 페가수스가 그려져 있었고, 아테네 동전에는 아테네를 지켜 주는 여신, 아테나의 두상이 새겨져 있었어. 켈트족 사람들은 룬 문자와 동물, 켈트족을 이끈 사람들을 새기기도 했단다.

(왼쪽에서 오른쪽으로) 페가수스가 새겨진 코린토스 동전, 아테나 여신과 그의 상징 동물 올빼미가 새겨진 아테네 동전

의미가 담긴 동전들

지도자들은 자신이 얼마나 강하고 권위 있는지를 보여 주려고 동전을 이용하기도 했어. 아테네에서는 아테네에서 만든 동전 말고 다른 동전은 쓰지 못하게 했어. 고대 로마 제국의 동전에는 황제의 두상이 새겨져 있어서 로마 사람들은 누가 나라를 다스리는지 모를 수가 없었지. 서기 335년부터 376년까지 인도를 다스렸던 사무드라굽타는 강력한 정복자이자 음악가인 자신의 모습을 동전에 새겨 강하면서도 부드러운 이미지를 사람들에게 보여 주려고 했어.

바나라는 현악기를 연주하는 사무드라굽타가 새겨진 금화

중국의 동전들

중국에서는 기원전 350년쯤 첫 동전이 나왔다고 알려져 있어. 그 전에 조가비, 칼, 창 같은 다양한 화폐를 썼던 중국 사람들은 '엽전'이라는 독특한 동전을 만들어 냈어. 엽전은 가운데에 네모난 구멍이 뚫린 원반 모양이라서 실로 이 구멍을 꿰면 들고 다니기가 아주 편했어. 중국 사람들은 주조 방식으로 엽전을 만들었어. 유럽에서처럼 금속을 망치로 두드리거나 절단기로 자르는 대신 금속을 녹인 뒤 모양 틀에 부어 굳힌 거야. 주로 구리, 청동이나 철로 만들었고 금화나 은화는 드물었어.

가운데에 네모난 구멍이 뚫린 중국의 엽전들

달러의 탄생

오늘날 세상에서 가장 널리 쓰이는 화폐, 미국 달러가 실은 체코의 야히모프라는 아주 작은 동네에서 처음 등장했다는 거 아니? 1512년에 야히모프 주변에서는 은이 아주 많이 발견됐어. 그 지역 은 광산의 주인이었던 슈테판 슐릭은 광부를 지켜 주는 수호 성인 요아힘의 이름을 따서 동네 이름을 '요아힘슈탈'(요아힘의 계곡이라는 뜻)이라고 지었어. 한편 직접 은화를 찍어 낼 수 있는 허가를 받은 슐릭은 자기가 만든 은화를 '요아힘슈탈러'라고 불렀어. 사람들은 곧 그 은화를 '탈러'라고 줄여 부르기 시작했지. 탈러 은화는 큰 성공을 거뒀어. 16세기 중반이 되자 1,200만 탈러라는 큰돈이 유럽 전체에 돌 정도였지. 물론 나라마다 부르는 이름은 달랐어. 아이슬란드에서는 탈러를 '달루어'라고 불렀고, 이탈리아에서는 '탈레로', 폴란드에서는 '탈라'라고 불렀어. 유럽의 식민지 개척자들이 17세기에 그 돈을 아메리카 대륙으로 가져가면서 탈러 은화가 지금의 미국 달러가 됐단다.

요아힘 성인이 그려진 탈러 은화

동전의 가치를 떨어뜨리다

동전은 아주 오랜 시간 동안 금속(주로 금이나 은)이 얼마나 많이 들어 있는지에 따라 그 가치가 달라지는 물품화폐였어. 그래서 훼손이라는 문제에 취약해. 동전에서 귀한 금속을 조금 떼어 내 이득을 챙기는 방법을 사람들이 깨달았기 때문이지. 이런 것을 '화폐 훼손'이라고 해. 평범한 사람들에게서만 벌어진 게 아냐. 돈이 모자라는 시기에는 정부가 나서서 동전에 들어가는 금과 은의 양을 줄이기도 했어. 더 많은 동전을 찍어 내기 위해서였지. 이런 훼손이 문제가 되는 이유는 돈의 가치가 떨어지면서 물가가 오르는 인플레이션(22~23쪽 참고)으로 이어지기 때문이야.

헨리 8세가 다스리던 시기에 발행된 영국 실링. 일부러 은을 덜 넣고 만든 이 실링은 '테스툰 은화'라고도 알려져 있어.

늙은 딸기코

1509년부터 1547년까지 잉글랜드를 다스린 헨리 8세는 프랑스, 스코틀랜드 등과 여러 번 전쟁을 치르고 화려한 생활을 즐기느라 돈을 아주 많이 썼어. 1544년, 결국 돈이 부족해지자 그는 화폐에 들어가는 금과 은의 양을 줄이겠다는 결정을 내려. 원래 들어가야 하는 금과 은의 양을 줄이고 저렴한 금속을 섞으면 동전을 만드는 비용이 줄어들 테니까 말이야. 그렇게 아낀 금과 은은 자기 주머니에 챙겼지. 그 뒤로 몇 년 동안 금화의 가치는 23캐럿(캐럿은 금붙이에 순수한 금이 얼마나 들었는지 측정하는 단위야)에서 20캐럿으로 떨어졌고, 은화에서 은의 비중도 92퍼센트에서 25퍼센트까지 줄어들었어. 이때 만들어진 은화의 질이 얼마나 낮았냐면, 은화 겉면에 새겨진 헨리 8세의 코 부분이 벌겋게 변할 정도였어. 은화에 구리를 많이 섞었기 때문이지. 그래서 헨리 8세는 '늙은 딸기코'라는 별명을 얻기도 했단다. 이렇게 질 낮은 동전이 돌면서 문제가 끊이지 않다가, 이 동전들은 1560년에 모두 시장에서 쫓겨났어.

깎기

그러면 평범한 사람들은 어떻게 머리를 굴려서 동전에 든 귀한 금속을 떼어먹었을까? 여러 가지 방법을 썼어. 그중 하나는 '깎기'야. 동전 가장자리 부분을 조금씩 깎아 내는 거지. 사람들은 이렇게 깎은 금이나 은을 모아서 녹인 후 막대로 만들었어. 그런 다음 대장장이에게 팔거나 새로운 동전을 만들었지. 동전을 갈 때 필요한 줄과 금속을 자르는 가위, 금속을 녹일 냄비만 있으면 되는 간단한 방법이었어. 17세기 영국에서는 깎기가 너무 흔하게 퍼져서, 정부는 잡히면 사형도 당할 수 있는 대역죄로 정했대.

동전에서 깎아 낸 금속이 쌓이고 쌓인 뭉치

톱니 새기기

영국 왕립 조폐국은 깎기를 막기 위해서 동전 가장자리에 톱니를 새기는 방법을 생각해 냈어. 동전의 테두리에 아주 작은 세로 선이나 올록볼록한 무늬를 새기는 거지. 그러면 테두리를 깎아서 일부러 동전의 가치를 낮췄다는 걸 알아내기 쉽잖아. 1660년부터 1685년까지 잉글랜드를 다스린 찰스 2세는 크라운 금화 가장자리에 '데쿠스 에트 투타멘'(장식이자 보호구)이라는 라틴어 글귀를 새기기도 했어. 요즘은 값비싼 재료로 동전을 만들지 않지만, 그래도 테두리는 여전히 오돌토돌하게 만들지.

톱니 무늬를 새긴 동전 테두리를 가까이서 보면 이렇게 보여.

동전끼리 문질러 가루 내기

범죄자들은 비싼 금속을 떼어 내려고 동전끼리 마구 문질러 가루를 내는 방법도 썼어. 동전 여러 개를 주머니 하나에 넣어 마구마구 흔들고 문지르는 거야. 그럼 동전끼리 부딪히면서 겉면이 닳고 아주 작은 금속 가루가 생기지. 그러고는 주머니 밑바닥에서 긁어 모은 금속 가루를 녹여서 돈을 만들었어. 이 방법은 깎기보다 티가 덜 나서 범인을 잡기가 어려웠대. 테두리에 톱니를 새긴 동전으로도 가루는 낼 수 있었으니까.

금속 동전으로 가루를 내는 모습이야.

때우기

동전이 큰 경우에는 조금 다른 방법을 썼어. 동전을 반으로 갈라 가운데 부분에서 금이나 은을 떼어 낸 뒤 다시 붙이는 거야. 빈틈은 납 같은 싸구려 금속으로 때웠어. 이 방법은 아주 오래전부터 있었는데, 19세기 중반 미국에서 '때우기'라는 이름으로 알려졌어. 미국 사람들은 아무런 가치가 없다는 뜻으로 '때운 5센트 동전만도 못하다'는 말을 하는데, 그 표현이 여기서 온 거야.

때운 5센트 동전

인플레이션이란?

돈의 가치는 고정되어 있지 않아. 올라갈 수도 있고 내려갈 수도 있어. 돈의 가치가 내려가면 가격이 올라가. 같은 것을 살 때 더 많은 돈을 내야 하니까. 이런 현상을 '인플레이션'이라고 불러. '물가상승률'이라는 말도 자주 쓰는데, 여기서 물가는 가격을 의미해. 물가상승률은 같은 돈으로 물건을 얼마나 살 수 있는지를 뜻하는 화폐의 '구매력'이 시간이 지날수록 얼마나 낮아지는지를 비율로 나타낸 거야. 식료품, 옷, 전기 등 사람들이 많이 사는 생필품의 가격이 1년 동안 얼마나 올라갔는지에 따라 계산해. 물가상승률이 5퍼센트라는 건 이런 물건들의 가격이 1년 동안 평균적으로 5퍼센트 올랐다는 걸 의미해. 즉, 작년에는 1,000원에 살 수 있었던 빵 하나를 올해는 1,050원에 사야 한다는 거지.

인플레이션은 왜 일어날까?

인플레이션은 상품과 서비스는 비슷하게 공급되는데 돈만 많이 풀릴 때 일어나. 나라가 부유해지려면 더 많은 것들을 만들고 팔아서 '경제의 생산성'을 높여야 해. 돈을 더 많이 찍어 낸다고 해서 더 부유해지는 것은 아닌데, 정부에서 가끔 그런 결정을 내릴 때가 있어. 사람들이 더 많이 사고팔게 해서 경제에 활기를 주려고 할 때, 전쟁이나 전 세계적 전염병 때문에 정부가 많은 돈을 써야 할 때 그렇게 결정해. 돈이 풀린 만큼 경제의 생산성이 올라가지 않으면 인플레이션이 일어나게 돼.

인플레이션은 왜 문제일까?

심각한 인플레이션은 모두에게 좋지 않아. 그중에서도 특히 돈을 은행에 저축한 사람들에게 피해를 줘. 저축한 돈으로 살 수 있는 것들이 줄어들게 되거든. 하지만 빚이 있는 사람들에게는 좋을 수도 있어. 돈의 가치가 떨어진 만큼 빚의 무게도 덜어지거든. 어쨌든 전체적으로 볼 때 인플레이션은 우리 모두에게 해로워. 저축을 많이 한 사람이든 빚에 허덕이는 사람이든 먹고살려면 돈이 당연히 필요한데 인플레이션이 오면 모든 것이 비싸지니까 말이야.

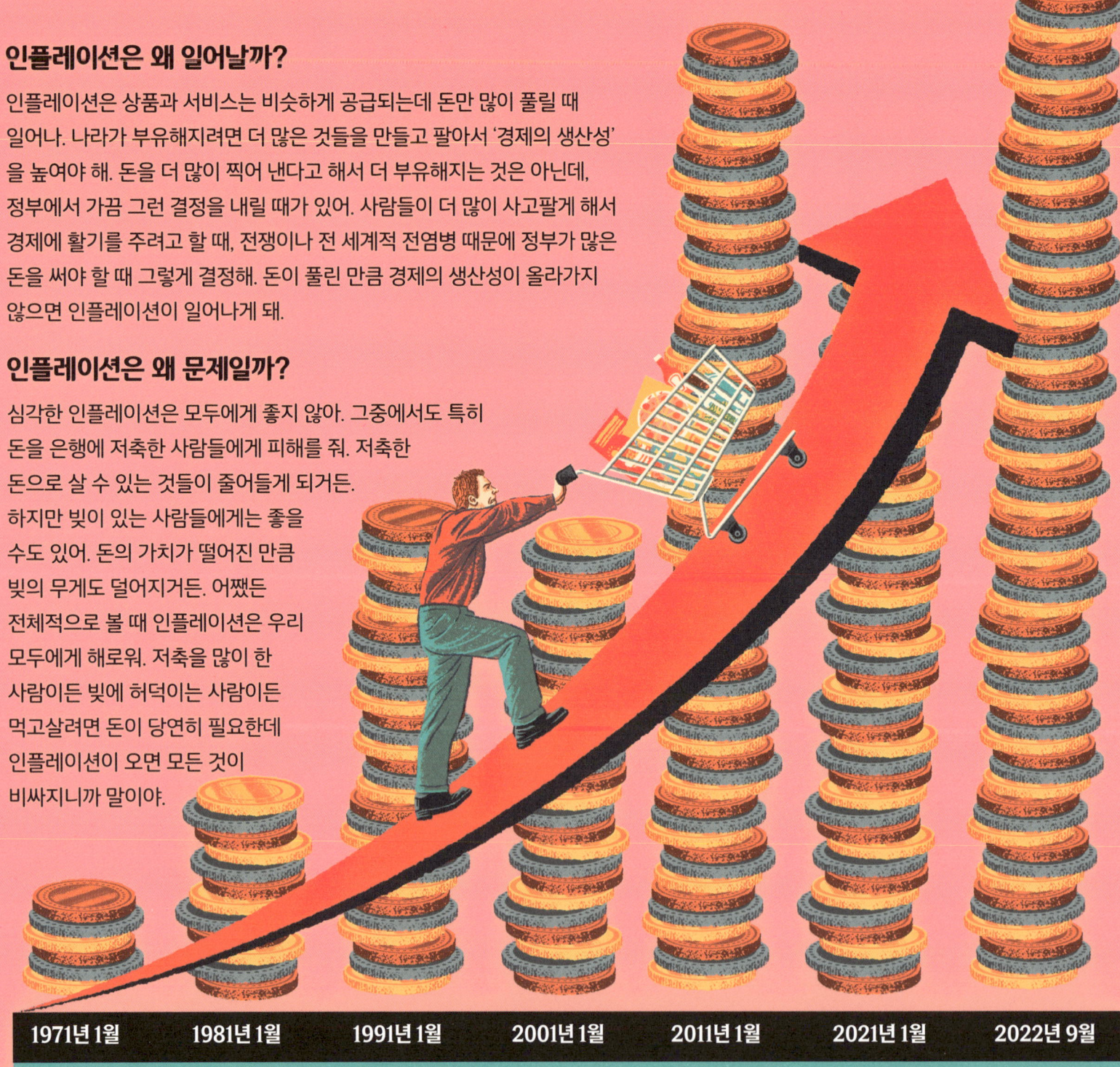

| 1971년 1월 | 1981년 1월 | 1991년 1월 | 2001년 1월 | 2011년 1월 | 2021년 1월 | 2022년 9월 |

인플레이션에 어떻게 맞설까?

대부분의 나라에서는 정부가 아니라 중앙은행(36쪽 참고)이 책임지고 인플레이션을 통제해. 시중에 돌고 있는 돈의 양을 제한하는 방법을 쓰지. 이를 위해 중앙은행은 다양한 수단을 쓰는데, 대표적인 게 금리야. 금리는 돈을 빌릴 때 치러야 하는 이자를 말해. 금리를 올리면 돈을 빌릴 때 더 많은 이자를 내야 하니 사람들은 돈을 덜 빌리게 되겠지. 중앙은행은 그렇게 돈의 양을 조절해.

대출 이자

금리를 낮추면
사람들은 돈을 더 많이 빌리고, 더 많이 쓰고, 생산성이 올라가면서 인플레이션이 더 심해져.

금리가 오르면
사람들은 돈을 덜 빌리고, 덜 쓰고, 생산성이 낮아져서 인플레이션이 잦아들어.

디플레이션이라는 위험

그렇다고 금리를 너무 많이 올리면 안 돼. 갑자기 금리가 너무 오르면 가격이 전반적으로 떨어지면서 '디플레이션'이 오거든. 가격이 살짝 떨어지는 것은 괜찮지만, 가격이 갑자기 너무 떨어진다는 건 사람들이 돈을 쓰지 않는다는 걸 의미해. 사람들이 돈을 쓰지 않으면 기업은 돈을 덜 벌게 되겠지. 그러면 기업은 생산을 줄이고 직원들을 내보내는 식으로 대응할 거야. 이런 흐름이 이어지다 보면 끝내는 경제가 전체적으로 힘을 쓰지 못하는 '불경기'가 와. 그래서 중앙은행은 금리를 조정할 때 균형을 잘 맞춰야 해.

23

최초의 지폐

돈의 역사에서 큰 변화를 일으킨 첫 번째 요소가 동전이라면, 두 번째는 지폐(종이돈)라고 할 수 있어. 종이돈은 7세기쯤 중국 당나라에서 처음 등장했어. 당시 상인들은 구리로 된 엽전을 줄에 꿰어서 다녔어. 그 상인들 중 몇몇이 무거운 엽전을 가지고 다니는 대신, 믿을 만한 사람에게 엽전을 맡기고 나중에 얼마를 맡겼는지 확인할 수 있는 영수증 같은 종이를 가지고 다니기 시작했어.

날아다니는 돈

이런 영수증을 '약속어음'이라고도 해. 상인들은 물건을 사들일 때 물건값을 확실히 치르겠다고 약속하는 의미에서 약속어음을 냈어. 상인에게 물건을 파는 사람들은 약속어음을 언제든 엽전으로 바꿀 수 있다는 걸 알았기에 그것을 받았지. 바람이 불면 휙 날아가는 종이로 만들어져서 '날아다니는 돈'이라는 뜻의 '비전'이라고도 불렸단다. 비전은 나라에서 공식적으로 찍거나 발행한 화폐가 아니어서 지폐라고 할 수는 없지만 돈과 같은 역할을 했어. 비전을 쓰기 시작하면서 사람들은 꼭 엽전처럼 값나가는 금속으로 만들어지지 않은 물건이라도 화폐처럼 쓸 수 있다는 생각을 갖게 되었어. 그런 점에서 비전은 대표화폐(8쪽 참고)의 조상 격이라고 볼 수 있어.

교초

시간이 차츰 지날수록 중국에서 약속어음은 점점 더 흔하게 사용됐고 나라에서 공식적으로 종이돈을 발행하게 되었어. 11세기 무렵 송나라에서 세계 최초로 지폐가 발행됐어. '교초'라고 해. 나라에서 믿을 수 있다고 보장한 돈이었고, 약속어음처럼 언제든 구리 엽전으로 바꿀 수 있었어. 교초가 널리 쓰이면서 중국에서는 지폐가 확실히 자리 잡았어.

중국 지폐가 유럽에 알려지다

이탈리아 베네치아의 상인이자 탐험가였던 마르코 폴로는 1271년부터 1295년까지 실크로드(중국에서 중앙아시아, 서아시아, 지중해 연안 지방으로 이어지는 아주 유명한 무역 항로야)를 따라 아시아를 여행했어. 중국을 여행하는 동안 마르코 폴로는 원나라의 황제 쿠빌라이 칸의 궁궐에 머무르면서 지폐에 대해 처음 알게 되었지. 유럽에 돌아간 마르코 폴로는 중국 사람들이 쓰는 지폐에 관한 흥미로운 이야기를 유럽 사람들에게 전했어.

지폐 만드는 방법

중국에서는 뽕나무의 껍질로 지폐를 만들었어. 나무의 겉껍질과 몸통 사이에는 '인피'라는 얇고 섬세한 속껍질이 있는데 이 인피를 찧고 빻아서 풀을 발라 주욱 늘린 다음 쿠빌라이 칸 황제의 옥쇄를 찍어서 지폐를 완성했지. 마르코 폴로는 중국 사람들이 가짜 돈('위폐'라고도 해, 66~69쪽 참고)이 돌까 봐 크게 걱정하는 것을 알고 있었어. 뽕나무 껍질을 아무나 가져가지 못하게 경비원들이 뽕나무 숲을 빙 둘러 지켰어. 또 지폐 겉면에는 따라 그리기 어려운 무늬를 그려 넣고, 가짜 돈을 만들어 퍼뜨린 사람은 목을 베는 형벌을 받는다고 경고하는 글귀도 써넣었지.

유럽에 지폐가 등장하다

유럽이 중국을 따라 지폐를 쓰기까지는 몇백 년이 더 걸렸어. 1500년대까지 되자 유럽도 중국처럼 약속어음 비슷한 것을 쓰기 시작했지. 영국의 은행가들이 은행에 금화를 맡긴 고객들에게 얼마를 맡겼는지 확인하는 증서를 써 주었단다. '러닝 캐시'라고도 알려진 이 증서는 물건값을 치를 때, 또 그 증서를 써 준 은행에 가서 증서에 쓰여 있는 만큼의 금화와 교환할 때 쓰였어. 돈과 같은 역할을 했지만 정부가 아니라 상업은행이 발행한 증서라서 공식적인 은행권은 아니었어.

1685년 게임용 카드 화폐
캐나다 내 프랑스 식민지인 프랑스령 캐나다에서 동전이 부족해지자 식민정 정부가 카드 게임을 할 때 쓰는 카드에 서명을 한 뒤 돈 대신 쓸 수 있도록 군인들에게 지급했어.

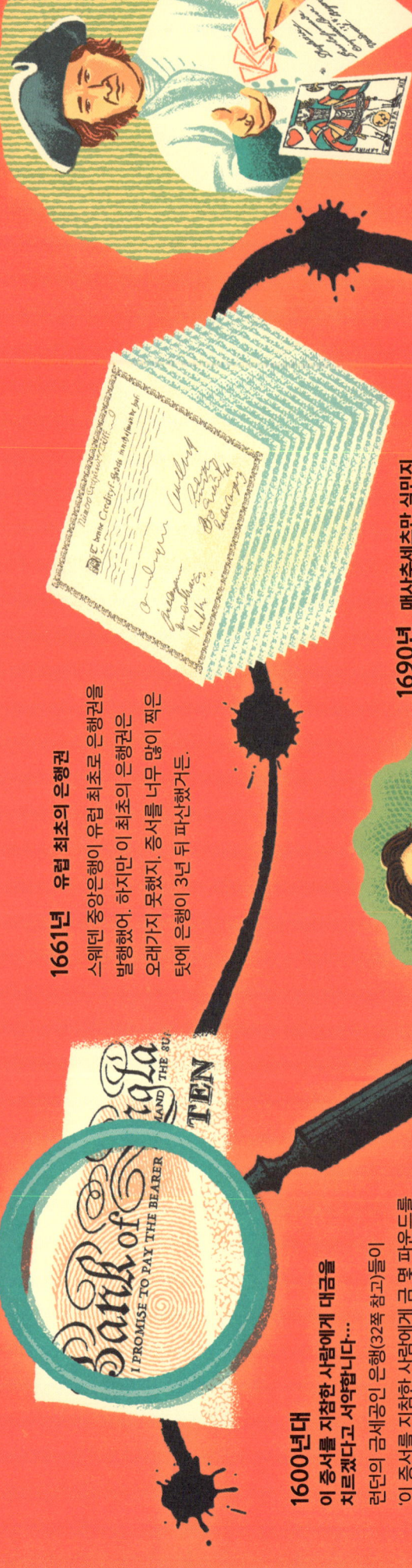

1661년 유럽 최초의 은행권
스웨덴 중앙은행이 유럽 최초로 은행권을 발행했어. 하지만 이 최초의 은행권은 오래가지 못했지. 증서를 너무 많이 찍은 탓에 은행이 3년 뒤 파산했거든.

1690년 매사추세츠만 식민지
미국 매사추세츠만 식민지에 충독이었던 영국인 윌리엄 필스는 캐나다 프랑스에 대항하는 전쟁 기금을 모으기 위해 임시 은행권을 발행했어. 북아메리카에 있었던 다른 영국 식민지들도 곧 비슷한 증서를 발급하기 시작했어.

1704년 약속어음에 관한 법률
영국에서 지폐의 역사는 1704년에 만들어진 '약속어음에 관한 법률과 함께 시작됐어. 이 법률은 은행가들이 은행권을 금으로 교환해 준다는 약속을 꼭 지키도록 강제하는 법이었어. 이 법으로 은행가의 약속은 도 자체와 같다는 것, 따라서 돈을 빌린 사람도 돈을 빌려 준 사람도 은행을 의심하지 않고 받아들일 수 있게 되었지.

1600년대
이 증서를 지참한 사람에게 대금을 치르겠다고 서약합니다…
런던의 금세공인 은행(32쪽 참고)들이 '이 증서를 지참한 사람에게 금 마운드를 지급하겠다'고 서약한다라고 쓴 증서를 발행하기 시작했어. 금을 맡긴 당사자가 아니더라도 그 증서를 가지고 오면 금과 맞바꿀 수 있었어. 화폐와 비슷하게 쓰인 거지. 이 금거래는 오늘날 영국의 파운드 지폐에 그대로 쓰여 있어.

1695년 영국은행
1694년 설립된 영국은행이 은행권을 영국으로 발행하기 시작했어. 이 은행권은 정해져 있었고 금글씨로 쓴 형태였어.

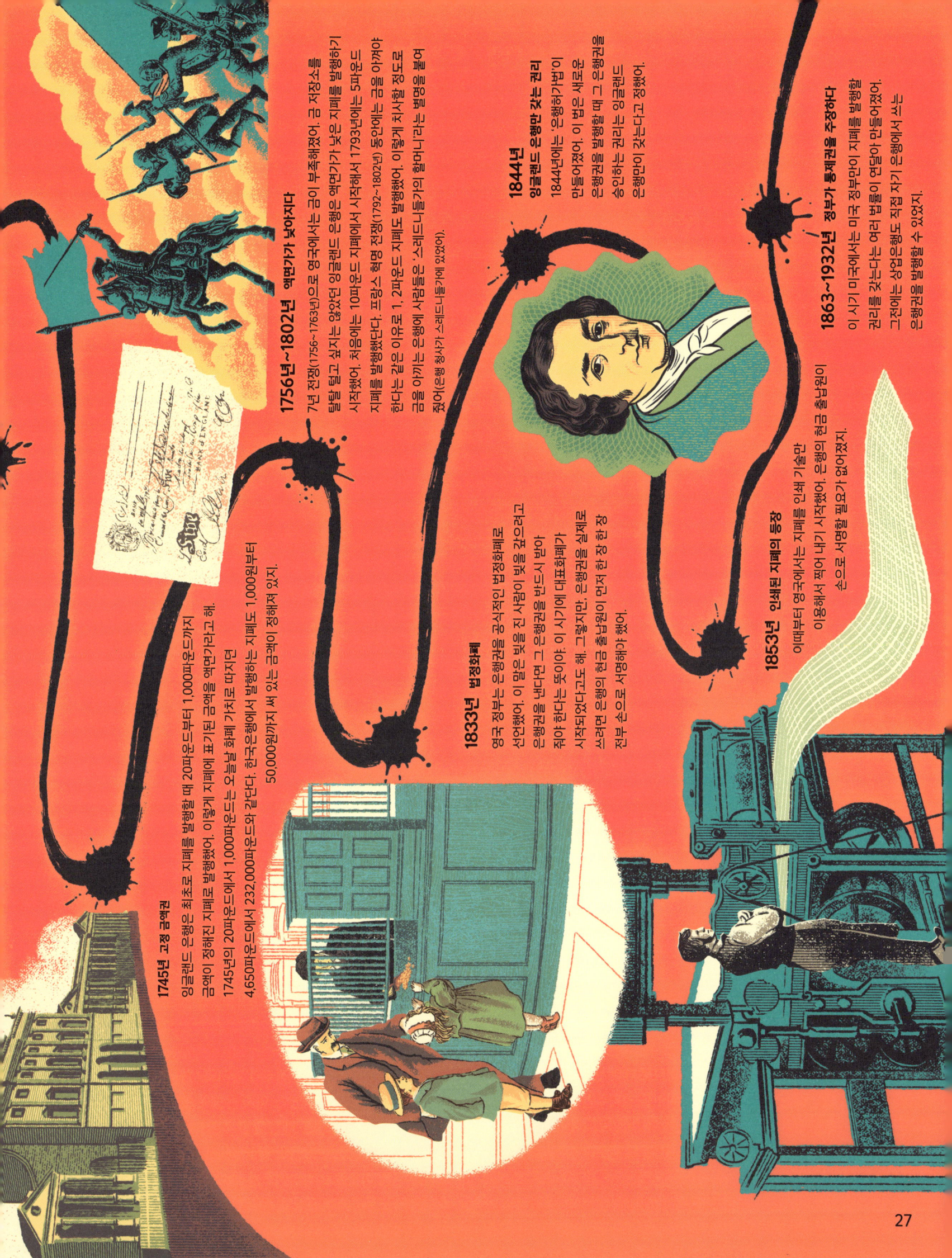

최초의 은행들

은행은 약 4000년 전에 부유한 사람들이 자기 돈을 맡겨 두는 곳에서 시작되었어. 처음에 은행은 신전에 자리를 잡고 있었어. 신전은 안전하고 성스러운 곳이라는 믿음이 있었기 때문이야. 신전의 사제와 무장한 경비원들이 사람들이 은행에 맡긴 돈을 지켰어. 이때 은행은 돈을 맡아 주는 동시에 사람들에게 돈을 빌려주는 역할을 했어. 물론 그 대가로 돈을 받았지. 이렇게 돈을 빌려준 대가로 정기적으로 받은 돈을 이자라고 해.

바빌로니아의 은행

고대 메소포타미아에 살던 사람들은 주로 신전에, 드물게는 궁궐에 돈과 귀중품을 보관했어. 기원전 2000년쯤 메소포타미아에는 바빌로니아라는 왕국이 있었는데, 그곳에서는 은행에 금을 맡길 때 맡기는 돈의 1.6퍼센트 정도를 보관 요금으로 내야 했어. 이 은행은 대출을 해 주기도 했지. 농부에게 곡물 씨앗을 빌려주면 농부가 그 씨를 뿌려 수확한 곡식으로 갚는 식이었어. 바빌로니아 사람들은 이렇게 계약한 내용을 점토판에 써서 남겼고, 그 점토판 중 일부는 오늘날까지 전해져 내려오고 있어.

고대 이집트의 곡식 은행

고대 이집트의 농부들은 정부가 가지고 있는 거대한 곡식 창고 속 금고에 곡식을 보관했어. 마치 은행에 돈을 맡기는 것처럼 말이야. 뭔가 사고 싶을 때는 맡긴 곡식을 조금 빼서 샀단다. 이 은행을 이용하는 요금도 곡식으로 냈어. 정부는 이렇게 받은 은행 이용료로 피라미드를 짓는 일꾼들 등등 나라에서 고용한 노동자에게 품삯을 주었어.

고대 그리스의 트라페지트

고대 그리스에는 '트라페지트'라고 하는 은행가들이 있었어. 트라페지트는 주로 외국 무역상들이 가져오는 외국 화폐를 그리스 지역 화폐로 바꿔 주는 일을 했어. 이 사람들은 사람들이 맡긴 돈을 안전하게 보관해 주는 대가로 이자를 받았고, 귀중품을 받고 돈을 빌려주는 전당포 역할도 했어. 물건을 맡기고 돈을 빌려 간 사람들이 갚지 못하면 돈을 받는 대신 그 물건을 가졌단다.

고대 로마의 아르젠타리

고대 로마에서는 은행가를 '아르젠타리'라고 불렀어. 아르젠타리는 포럼(동네 광장)에서 작은 가게나 가판대를 운영하며 외국 돈을 받아서 로마 돈으로 바꿔 주는 사람들이었어. 이들은 정해진 인원만 가입할 수 있는 길드(같은 일을 하는 사람들끼리 만든 모임)를 꾸렸어. 시간이 지나면서 아르젠타리는 예금을 받고, 돈은 빌려주고, 경매(공개된 장소에서 물건을 파는 방식인데, 가장 높은 금액을 부른 사람에게 파는 거야)에 참여하는 등 더 많은 일을 하게 됐어. 동전의 값어치를 결정하고, 가짜 동전이 돌 때 그것들을 골라내고, 새로운 돈을 유통시키는 일도 아르젠타리들이 했단다.

29

중세 시대의 은행

서기 476년 로마 제국이 무너지고 난 뒤 유럽 사회는 한동안 내리막길을 걸었어. 경제는 농업을 주로 하여 단순했지만 농사 기술은 점차 발달했어. 13세기부터 국제 무역과 상업이 활발해지면서 경제가 활기를 띠자 은행 업무가 필요해졌어. 예금을 보관하거나 환전을 하고, 대출 기한을 늘리고, 큰돈을 이곳저곳에 이체하는 일 말이야. 하지만 중세 시대의 은행가들은 큰 문제를 마주해야 했어. 당시 가장 큰 권력을 가지고 있었던 교회가 돈을 빌려주고 이자를 받는 일('고리대금업'이라고 하지)을 죄라고 했거든.

이자를 받는 것은 죄

중세의 은행가들 중 기독교를 믿는 사람들은 이자를 대놓고 받을 수가 없었어. 그래서 이자를 받지 않는 것처럼 꾸몄지. 대출을 할 때 수수료만 받는다거나 교환 비율 차이를 이용해서 돈을 버는 방법을 썼단다. 그래도 고리대금업이 금지된 탓에 먹고살기가 쉽지는 않았지. 한편 유대인은 교회의 규제를 받지 않았기 때문에 이자를 받을 수 있었어. 같은 유대인끼리는 이자를 받지 않았지만 말이야. 그 결과 은행업은 유대인이 주로 일하는 분야가 되었어.

기사들의 은행

서기 1095년부터 1291년까지 벌어진 십자군 전쟁은 기독교를 믿는 유럽인 기사들이 무슬림이 지배하고 있었던 성지를 점령하려고 하면서 일어난 전쟁이었어. 십자군에 들어간 기사들은 외국에 나가 있는 동안 조국에 모아 둔 돈을 지켜야 했지. 그래서 부유하고 권력을 가진 기사들이 모여서 '템플 기사단'이라는 모임을 만들었어. 템플 기사단은 유럽 전역에 있는 여러 성들의 연합 같은 것이었어. 기사 한 명이 어떤 성에 자기가 모은 돈을 맡기면 그 사실을 증명하는 편지를 받았는데, 다른 성에 그 편지를 내면 맡긴 만큼의 돈을 해당 지역 화폐로 받을 수 있었어. 고리대금업이 금지되어 있었기 때문에 템플 기사단은 교환 비율 차이를 통해 돈을 벌기도 했어. 요즘의 은행처럼 큰 재정 문제를 해결하는 역할을 하기도 했단다. 가령 잉글랜드의 왕 헨리 3세가 프랑스 해안가의 섬을 사려고 했을 때 템플 기사단이 돈을 댔지.

은행은 왜 영어로 뱅크일까?

은행을 뜻하는 영어 단어 '뱅크'는 긴 의자, 영어로 벤치를 뜻하는 이탈리아어 '방카'에서 왔어. 중세 이탈리아의 은행가들은 사람들이 공개적으로 모이는 광장이나 무역 사무소에 긴 의자나 가판대를 두고 업무를 봤거든. 빚을 갚을 수 없는 상태를 파산이라고 하는데, 파산은 영어로 '뱅크럽트'라고 해. 뱅크럽트라는 영어 단어 역시 '부서진 벤치'를 의미하는 이탈리아어 '방카 로타'에서 온 말이란다.

이탈리아의 은행업

14세기쯤 되자 고리대금업 금지가 어느 정도 풀렸어. 그러면서 기독교인 은행가들이 유대인 은행가들의 자리를 차지하기 시작했어. 이런 현상은 처음에는 피렌체, 시에나, 밀라노, 베네치아, 루카 같은 이탈리아의 부유한 도시국가들에서 시작됐어. 이탈리아는 국제 교역의 큰 중심지였지만 배를 타거나 육로로 이동하던 그 시절 교역 여정은 길고 위험했어. 은행은 예금 증서를 발행하는 방법을 써서 이런 위험을 줄였지, 그렇게 교역의 흐름이 잘 이어지도록 도왔지. 그중에서도 피렌체 은행들이 가장 큰 성공을 거뒀어. 15세기 초에는 유럽 전체에 피렌체 은행의 지점이 80개 정도 있었는데, 그 지점들이 유럽 여러 나라의 왕, 황제 그리고 교황에게도 돈을 대출해 줄 정도였어.

메디치 가문의 문장

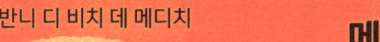

조반니 디 비치 데 메디치

메디치 가문

피렌체에서 은행업을 하던 집안 중 가장 큰 성공을 거둔 가문은 메디치 가문이었어. 조반니 디 비치 데 메디치가 세운 메디치 가문의 은행은 1397년부터 1494년까지 운영되었고 메디치 은행의 지점은 이탈리아의 대도시뿐만 아니라 런던, 리옹, 제네바, 브뤼주 그리고 아비뇽에도 있었어. 당시 유럽 전체를 통틀어 가장 부유한 가문 중 하나였던 메디치 가문은 자기들의 부를 활용해서 정치적인 힘을 얻었지. 그렇게 피렌체를 지배한 메디치 가문은 자기 집안 사람들을 교황 자리에 앉히기도 했어. 이들은 막대한 재산을 레오나르도 다빈치와 미켈란젤로 같은 위대한 예술가를 후원하는 데 사용하기도 했지. 이들은 또한 '복식 부기'라는 새로운 회계법을 발명하는 혁신을 이루기도 했어. 복식 부기는 빌려준 돈을 말하는 '차변'과 받은 돈을 말하는 '대변' 모두를 정확히 기록하는 회계 방식이야. 이를 통해 은행가와 상인들은 자기 사업이 어떻게 굴러가고 있는지 더 쉽게 이해할 수 있었어.

현대 은행업이 시작되다

1625년부터 1649년까지 잉글랜드를 다스린 찰스 1세는 1640년에 귀족들이 런던 탑에 맡겨 두었던 금을 전부 빼앗았어. 그때 귀족들은 재산을 더 안전한 곳에 보관해야겠다고 다짐했지. 그래서 귀족들은 튼튼하고 안전한 지하 금고를 가지고 있던 런던의 금세공인들을 찾아갔어. 이렇게 해서 금세공인들이 잉글랜드 최초의 은행가가 되었단다. 런던의 금세공인들은 1609년 만들어진 암스테르담 은행과 더불어 새로운 형태의 은행업을 17세기에 처음 시도한 사람들이었어. 이때 은행은 은행권과 수표를 발행하는 일을 포함해 여러 가지 일을 새롭게 시작했어. '부분지급준비제도'라는 새로운 제도도 이렇게 발전했단다.

부분지급준비제도

런던의 금세공인 은행가들

"우리는 사람들이 맡긴 돈을 안전하게 보관하는 대신 보관료를 받지."

"우리한테 예금을 맡긴 사람들이 그 돈을 한 번에 전부 찾아가진 않던데…. 그 많은 돈이 다 여기 금고에서 잠자고 있잖아."

17세기에 은행들은 고객이 맡긴 예금을 다른 고객에게 빌려주기 시작했어.

"고객이 맡긴 예금 중 일부는 가지고 있어야 해. 그래야 예금을 찾으러 오는 고객에게 돈을 돌려줄 수 있으니까 말이야."

"그럼 그 일부를 뺀 나머지는 바깥세상에서 돌고 돌면서 우리에게 더 많은 돈을 벌어다 주는 거지!"

"우리가 돈을 더 벌고 있으니까, 이제는 보관료를 받기보단 예금을 맡긴 사람들에게 이자를 쳐주면 어떨까?"

"그럼 더 많은 사람들이 우리에게 돈을 맡길 거고, 우리는 그 돈으로 더 많은 투자를 할 수 있겠네!"

"예금을 맡긴 고객들이 한 날 한 시에 자기 돈을 전부 찾으러 오면 어떡하지!"

금세공인들

런던의 금세공인 겸 은행가들은 사람들이 귀중한 금속을 맡기면 종이 영수증, 또는 약속어음을 써 줬어. 어음에는 사람마다 맡긴 금의 양이 기록되어 있었고 금을 예치한 고객이 원할 때는 언제든 되찾을 수 있다고 쓰여 있었어. 하지만 부분지급준비제도 때문에 고객의 예금은 금고에 얌전히 들어 있지 않고 대출을 받은 다른 사람의 손에 가 있었어. 물론 그렇다고 해도 큰 문제는 되지 않았어. 왜냐 하면 예금을 찾으러 오는 고객에게 돌려줄 만큼의 금은 항상 있었거든. 너무 많은 사람들이 한 번에 찾아오지만 않는다면 말이야. 상황이 이렇게 흘러가자 약속어음은 새로운 특징을 갖는 화폐가 됐어. 약속어음은 더 이상 금 그 자체를 상징하지 않았고, 금세공인 겸 은행가들이 고객에게 돌려줘야 하는 예금, 즉 '채무'를 상징하게 되었지.

로스차일드 가문

유럽의 모든 은행가 집안 중 로스차일드 가문이 가장 유명했어. 1790년대부터 거의 이백 년 동안 로스차일드 가문은 유럽 역사에 아주 큰 영향을 끼쳤단다. 이들은 프랑스 혁명기에 이어 나폴레옹 전쟁이 벌어지는 동안 여러 유럽 국가에 대출을 해 주면서 큰돈을 벌었어. 산업혁명 시기에는 철도를 깔고 석탄을 캐고, 철광석을 가공해 철을 만드는 산업에 많은 투자를 했고, 나중에는 석유 산업에도 깊게 관여했단다.

암셸 메이어 로스차일드

네이선 로스차일드와 전서구

19세기 초에는 뉴스가 퍼지는 속도가 아주 느렸어. 어느 정도로 느렸냐면, 1815년 워털루 전투에서 영국군과 프로이센 군대가 나폴레옹의 부대를 이겼다는 소식이 다른 유럽 국가로 퍼지는데 며칠이 넘게 걸릴 정도였어. 하지만 잘 알려진 은행가였던 네이선 로스차일드에게는 새로운 소식을 빠르게 접할 수 있는 특별한 비결이 있었어. 비둘기 여러 마리를 아주 잘 훈련시켜서 편지 배달부로 쓴 거야! 이렇게 훈련된 비둘기를 '전서구'라고 해. 당시 다른 통신 기술보다 훨씬 빠른 속도로 소식을 전할 수 있었던 전서구 덕분에 네이선 로스차일드는 워털루 전투의 결과를 남들보다 하루 빨리 알아낼 수 있었고, 영국 국채(52쪽 참고)에 투자해 아주 큰 이익을 봤단다.

네이선 메이어 로스차일드

1643년부터 1715년까지 프랑스를 다스린 루이 14세는 돈이 없었어. 외국과 전쟁을 하고 사치를 부리느라 돈을 너무 많이 써 버렸거든. 또 오래전에 받은 대출의 이자도 아주 많이 나가고 있었어. 루이 14세가 죽자, 그의 증손자였던 다섯 살 루이 15세가 왕위에 올랐어. 성인이 될 때까지는 오를레앙 공작인 필리프가 왕을 대신해 섭정을 하기로 했지.

옛날에 존 로라는 사람이 있었는데…

필리프는 프랑스의 재정 상태를 꼼꼼히 확인한 뒤 계속 이대로 갈 수는 없다고 생각했어. 경제를 뿌리부터 뜯어고쳐야 한다는 결론을 내리고, 스코틀랜드 출신 경제학자 존 로(1671~1729)를 찾아갔어.

존 로는 돈에 대해서 여러 가지 흥미로운 아이디어를 가지고 있었어. 그중에서도 돈을 끊임없이 돌게 해서 무역을 활발하게 만드는 것이 가장 중요하다고 봤어. 돈이 그 자체로는 아무 가치가 없다는 말은 그 당시에는 아주 파격적인 생각이었는데, 필리프는 이런 생각에 동의했어. 왜냐면 그 말에 따르면 프랑스가 진 엄청난 빚도 별 문제가 아니었거든. 필리프는 존 로를 프랑스의 재정 책임자로 임명했어.

"돈은 그 자체로는 아무런 가치가 없어요! 우리가 그 돈을 가지고 무언가 사고팔 때 가치가 생기는 거죠."

"정말 흥미로운 생각인걸!"

존 로는 사람들에게 금과 은을 받아서 지폐 형태로 대출을 주는 새로운 국립은행을 만들었어. 즉 프랑스 정부가 많은 사람들에게 빚을 진 거지. 이때 이 빚은 돈이 아니라 실제 물건인 '자산'이었어. 프랑스 왕이 너에게 1,000리브르를 빌렸다는 증서를 네가 가지고 있다고 생각해 보자. 너는 그 증서를 시장에 가지고 나가서 400리브르를 받고 팔 수 있어. 최악의 경우에는 왕이 돈을 전혀 갚지 않을 수도 있으니 400리브르를 받고 그 증서를 팔아도 남는 장사야. 하지만 존 로는 자신이 새롭게 세운 국립은행에 실물 자산을 맡긴 모든 사람들에게 똑같은 만큼의 종이돈을 지급했어.

"이 종이가 금만큼 좋네!"

존 로의 은행은 지폐를 더 많이 발행했어….

더욱 더 많이….

지폐를 계속해서 발행했어. 금고에 쌓아둔 금과 은보다도 더 많이 찍어 냈어! 지폐를 네 배나 더 많이 발행했다고 추정하는 사람도 있어.

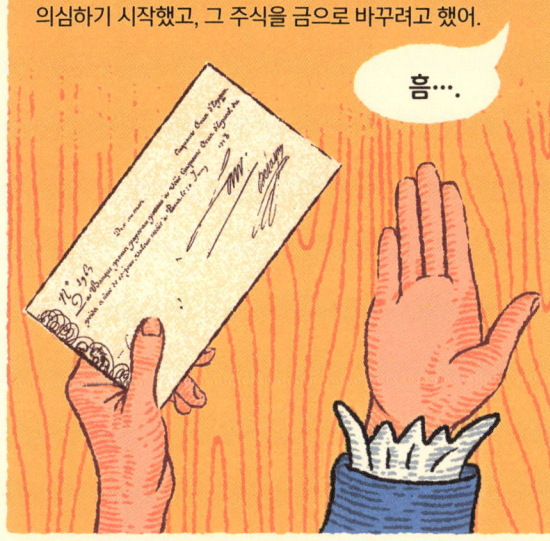

존 로가 남긴 것

존 로는 실패했지만, 그가 제안한 화폐제도는 오늘날 우리가 익숙하게 쓰는 화폐제도와 비슷해. 귀금속이 아니라 국가와 중앙은행이 지폐의 가치를 보장하는 시스템이지. 존 로는 자신이 발명한 획기적인 제도가 사람들에게 어떤 영향을 끼칠지 크게 생각해 보지 않는 실수를 저질렀어. 그렇게 버블(가격이 빠르게 오르기 시작하면 사람들이 더 오를 거라고 예상해서 더 많은 돈을 투자하고, 그렇게 실물 자산의 실제 가치와 가격이 마구 벌어지는 현상을 뜻해)이 오고 경제가 무너진 거야.

오늘날의 은행

세계 경제가 더욱 복잡해지면서 은행 선생도 다양한 기관으로 쪼개졌어. 다양한 상황에 대응하는 특수한 금융 서비스를 내놓게 되었지. 이렇게 다양한 금융 서비스는 경제가 잘 돌아가게 하는 중요한 역할을 해. 이주 뛰어난 상품 아이디어가 있는 회사에도 그 상품을 실제로 개발하기 위한 자금을 빌려야 해. 평범한 사람들도 돈을 투자하고, 먹고 살기 위해 돈을 벌려야 하지. 이렇게 금융 서비스가 필요한 여러 가지 이유가 있어. 다양한 종류의 은행에서 각각 어떤 서비스를 제공하는지 살펴보자.

중앙은행

'중앙은행'은 한 나라에서, 모든 여러 나라에서 쓰는 화폐를 관리하고 유통되는 화폐의 총량을 조절해. 중앙은행이 주된 목표는 물가를 안정적으로 유지하고 인플레이션이 오지 않게 하는 거야. 이 목표를 위해 중앙은행은 정부와 다른 큰 금융 기관들과 협력한단다. 그래서 개인 고객은 중앙은행에 갈 일이 딱히 없어.

소액 거래 은행

우리가 길거리나 인터넷에서 흔하게 보는 은행이 바로 '소액 거래 은행'이야. 소액 거래 은행은 '당좌 예금(언제든 돈을 자유롭게 넣고 뺄 수 있는 계좌)', '정기 예금' 또는 '보통 예금(돈을 맡기면 이자가 붙는 계좌)', 대출, 신용카드(44~45쪽 참고)부터 금융과 재정에 대한 조언까지 개인과 기업체에게 다양한 금융 서비스를 제공한단다.

신용협동조합

'신용협동조합(신협)'은 은행과 비슷하지만 조합원으로 가입한 사람들이 그 조합을 만들고, 소유하고, 관리한다는 점만 달라. 학교 선생님이나 군인처럼 특정한 직업을 가진 사람들이 모여서 신협을 만들도 해. 조합원은 자기 신협에 투자하고(여러 조합원이 다 같이 투자하니까 공동 출자라고 해), 신협은 대출이나 정기예금계좌 같은 다양한 금융 상품을 운용해. 신협은 돈을 벌기 위한 목적으로 만든 조합이 아니기 때문에 소득이 생기면 조합원들에게 이익이 되는 일에 다시 투자한단다.

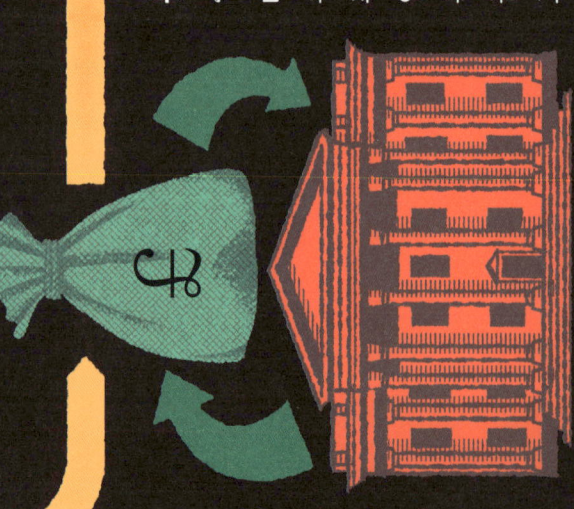

주택금융조합

'주택금융조합'은 조합원들이 다 같이 소유한다는 점에서 신협과 비슷하지만 주된 목적이 달라. 사람들이 집을 살 수 있게 '주택 융자'라는 대출을 내주기 위해 만들어졌어. 주택 융자를 끼고 집을 사면 원금(빌린 돈)과 이자를 매달 나누어 내게 돼. 이때 구매한 집을 '담보'라고도 불러, 담보는 돈을 빌려 간 사람이 빚을 잘 갚게 하는 안전장치야. 주택금융조합에서 주택 융자를 끼고 집을 산 사람이 다달이 갚아야 하는 대출금을 갚지 못하면, 주택금융조합이 그 집의 소유권을 갖게 된다는 뜻이지.

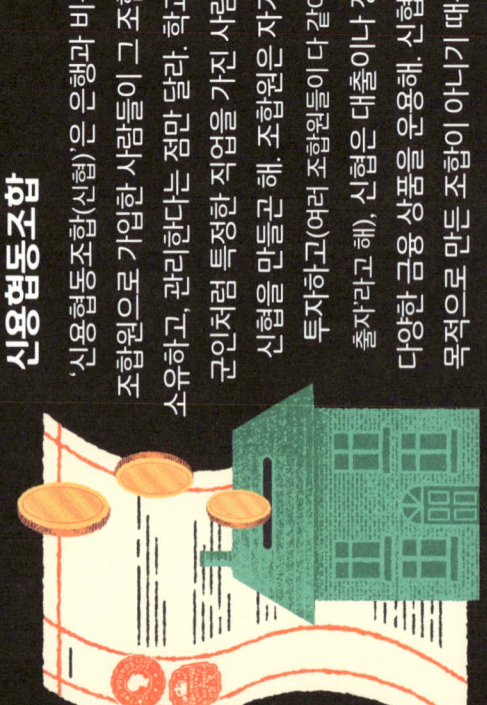

중개 회사

'중개 회사'는 주식이나 채권(52쪽 참고) 같은 다양한 금융 증서와 관련해서 파는 사람과 사는 사람을 연결해서 중개하는 기관이야. 이런 회사를 중개사라고 하지. 이 사람들은 사람들을 중개사라고 하지. 이 사람들은 거래가 완료되면 그 거래에서 오간 돈의 몇 퍼센트를 중개료 또는 수수료로 받는단다.

투자은행

'투자은행'은 크고 복잡한 금융 거래를 할 때 중개자 역할을 해. 예를 들면, 어느 회사가 사업을 확장하거나 다른 회사로 주식을 공개적으로 필요하거나 회사 주식을 공개적으로 팔고 싶어 할 때 투자은행이 나서지(52쪽 참고).

전당포

전당포는 아주 오래전부터 있었어. 개인 고객을 담보로 귀금속처럼 값나가는 물건을 담보로 가져오면 그걸 받고 돈을 빌려줘. 돈을 빌려 간 고객이 정해진 날짜까지 돈을 갚지 않으면 전당포 주인은 담보로 받은 물건을 팔아서 빈 돈을 메우지. 전당포에서는 보통 은행에서 빌리는 것보다 높은 이자를 받고 돈을 빌려줘.

보험회사

살다 보면 위험한 일이 많이 생기지. 얼음이 낀 도로 위를 운전해야 한다거나, 가뭄이 들어 수확이 좋지 않을 것 같거나, 큰 배에 화물을 잔뜩 싣고 오는 중에 큰 풍랑을 만나 배가 가라앉는다거나 하는 일들 말이야. 보험회사는 이렇게 손해를 볼 때 보상을 해 주는 기관이야. 고객이 보험에 가입해서 '불입금'이라고 하는 적은 돈을 정기적으로 내면, 보험회사는 고객이 마든 하늘에 날벼락 같은 손실을 입었을 때 보상을 해 준단다.

단기 소액 대출업체

단기 소액 대출업체는 엄청나게 높은 이자를 붙여서 짧은 기간 동안 대출을 내줘. 전당포와 다르게 담보도 잡지 않아. 돈을 빌리는 사람이 금액을 얼마나 받는지, 즉 도움 얼마나 받느냐에 따라 대출금을 갚는 거야. 급하게 돈이 그리고 빌린 사람이 다음 월급날에 대출금을 갚는 거야. 급하게 돈이 필요하지만 평범한 은행에서는 대출을 받을 수 없는 상황에 놓인 사람들이 주로 단기 소액 대출업체에게 돈을 빌린단다.

은행이 망하면?

은행의 역사를 살펴보면 위기의 순간들이 있었어. 템플 기사단(30쪽 참고) 은행은 외부 원인 때문에 무너졌지만, 투자를 잘못하거나 분별없이 대출을 막 해 주는 것처럼 잘못된 결정을 내려서 망한 경우가 대부분이야. 부분지급준비제도(32쪽 참고)가 생긴 다음부터 은행은 '대규모 예금 인출 사태'를 두려워하게 되었어. 많은 고객들이 은행에 문제가 생겼을까 봐 두려워 예금한 돈을 다 빼는 상황을 일컫는 말이야.

템플 기사단의 악몽

1300년대 초, 템플 기사단은 아주 큰 부를 쌓았어. 1285년부터 1314년까지 프랑스를 다스린 필리프 4세는 큰돈을 아주 다급하게 구해야 했어. 그래서 템플 기사단에서 강제로 돈을 뺏어 오기로 결심했지. 왕이 보낸 요원들이 기사단을 기습 공격했고, 프랑스 땅을 다 뒤져 우두머리 기사들을 체포해 갔어. 필리프 4세는 템플 기사단이 악마를 숭배하고 죽은 기사들의 시신을 먹는, 차마 입에 담지 못할 범죄를 저질렀다고 모함했어. 십자군 전쟁이 실패한 이유도 다 템플 기사단 때문이라고 뒤집어씌웠지. 자백을 받아 내려고 기사들을 고문하기도 했어. 결국 기사들은 그렇게 죽고 필리프 4세는 템플 기사단의 재산을 다 뺐었어.

필리프 4세

피렌체 은행 파산

피렌체 은행(31쪽 참고)을 운영하던 가문의 사람들 중 다수는 영국과 프랑스가 백년전쟁(1337~1453년)을 시작했을 때 영국의 에드워드 3세(1327~1377년 재위)에게 돈을 댔어. 하지만 1343년, 에드워드 3세가 빚을 갚지 못하는 '채무불이행' 상태가 되자 그를 시작으로 줄줄이 파산하기 시작했어. 그중에는 피렌체 은행에 돈을 넣어 둔 사람들도 있었지. 피렌체 은행은 기본적으로 '환어음'을 써서 돈을 굴렸어. 어음은 돈을 빌리는 사람이 어느 날짜에 어느 장소에서 그 돈을 반드시 갚겠다고 약속하는 종이야. 환어음 시스템에서는 이 종이가 돈처럼 돌고 돌아. 그러니 이 시스템이 잘 작동하려면 은행을 이용하는 모든 사람들이 정직하고 믿을 만한 사람들이어야겠지? 그러던 어느 날 에드워드 3세가 그냥 그 돈을 갚지 않겠다고 해 버렸어. 피렌체 은행은 옴쭉달싹 못 하고 무너지게 되었지!

에드워드 3세

1929년 미국 대공황

1929년 월스트리트 대폭락(53쪽 참고) 이후 미국은 경제 공황(불경기가 오래도록 이어지는 상황)이라는 수렁에 빠졌어. 1930년에는 테네시의 어느 은행에서 예금을 넣은 사람들이 돈을 못 찾게 한다는 소문이 퍼지기 시작했어. 사람들은 하루라도 빨리 돈을 찾으려고 은행에 달려갔지. 대규모 예금 인출 사태는 한번 시작되면 걷잡을 수 없어. 사람들이 자기 돈을 찾아가려고 줄을 서면 설수록 은행은 더 빠르게 망하게 되니까. 은행 하나가 망하면 근처 다른 은행과 거래하던 사람들도 겁을 먹게 되고, 그렇게 도미노 무너지듯 연이어 망하는 거야. 1930년대 초 미국 전역에서 여러 은행이 줄줄이 망한 과정이 정확히 그랬단다.

데일리 리포트 신문
2007년 9월 15일

노던록 은행 대규모 예금 인출 사태

어제 아침, 영국 전역의 노던록 은행 지점마다 사람들이 길게 줄을 서 있었다. 줄 선 사람들의 표정에서는 평생 저축한 돈을 하루아침에 잃을 수는 없다는 절실함이 느껴졌다. 이는 영국에서는 좀처럼 볼 수 없는 낯선 장면이었다. 노던록 은행 대규모 예금 인출 사태는 영국에서 150년 만에 처음으로 벌어진 사건이었다. 오후가 되자 노던록 은행에서는 수십억 파운드가 인출되었고 은행 파산은 시간문제였다.

노던록 은행은 영국 내에서 규모가 비교적 작은 은행이었지만, 대형 은행으로 성장하겠다는 야심 찬 목표를 가지고 있었다. 고객이 예금을 맡기는 지점이 70개뿐이라 은행을 확장할 자금이 충분하지 않자, 그들은 세계 시장에서 돈을 빌렸다. 운 나쁘게도, 노던록 은행이 빚을 늘리던 시기와 미국에서 여러 은행이 주택 소유자에게 무책임하게 대출을 내주던 시기가 겹쳤다. 이때는 세계적 금융 시스템 역시 망하기 직전 낭떠러지에 아슬아슬 매달려 있던 상황으로, 결국 그 이듬해 세계적 금융 위기가 시작되었다.

노던록 은행은 2007년부터 2008년까지 이어진 은행 줄도산 사태의 시작이었다.

대출의 법칙 몇 가지

돈이 쓰이기 시작한 이래로, 사람들은 다양한 방법으로 서로 돈을 빌려주고 빌리며 살았어. 빌려주는 사람은 빌리는 사람이 나중에 돌려줄 거라고 생각하면서 돈이나 물건, 서비스를 내주지. 돈을 빌리는 사람은 빌려주는 사람에게 대출을 받는 대가로 이자를 내. 이때 이자는 빌린 액수의 몇 퍼센트로 계산하지. 돈을 빌려주는 문제에 대한 법을 가장 처음 만든 건 고대 바빌로니아 사람들이었어. 기원전 1755년부터 1750년까지 바빌로니아를 다스린 함무라비 왕이 쓴 함무라비 법전에는 돈을 빌려준 사람이 이자를 얼마까지 받을 수 있는지 그 최대 금액과 돈을 빌린 사람이 갚지 않으면 벌금을 내야 한다는 내용이 있어.

신용과 빚

빌려준 돈을 '신용'이라고 불러. 신용에 해당하는 영어 단어 'credit'은 믿음과 신뢰를 뜻하는 라틴어 'credere'에서 왔어. 돈을 빌려주는 사람은 '채권자'라고 해. 채권자가 돈을 빌리고자 하는 사람에게 빌려주는 행위를 '대출'이라고 해. 이때 빌린 돈은 '채무'라고 부르고, 돈을 빌린 사람은 '채무자'가 되는 거야.

담보

대출을 받을 때, 채무자가 자신이 갖고 있는 값나가는 자산을 '담보'로 잡히는 경우가 있어. 담보는 채무자가 대출금을 꼭 갚겠다고 약속하면서 그 대출에 거는 안전장치야. 네가 현금이 필요해서 은행에 돈을 빌리러 간다고 생각해 보자. 너는 네가 가진 집을 담보로 잡힐 수 있어. 만약에 무슨 일이 생겨서 네가 돈을 갚을 수 없는 '채무불이행 상태'가 되면, 은행은 네 집을 가져가서 팔거나 해서 네가 갚지 못한 대출금을 메울 거야. 보통 담보라는 안전장치가 있는 담보 대출은 무담보 대출보다 이자율이 낮아.

이자

채권자는 빌려준 돈을 못 받을 수도 있는 위험과 자기 돈을 잠깐 동안 남에게 내주는 손실을 줄이기 위한 방법으로 채무자에게 어느 정도의 돈을 요구해. 이때 이 돈을 '이자'라고 하지. 이자율은 원금(채무자가 빌려 간 돈의 총액수)의 몇 퍼센트를 정해진 기한(1년이라고 하자)동안 내야 한다는 약속이야. 이자율은 돈을 빌린 채무자의 신용도(돈을 갚을 가능성)에 따라 높아지기도, 낮아지기도 해. 채무자의 신용도 같은 요소는 그 대출이 얼마나 위험한지를 결정해. 채무자가 대출을 잘 갚지 못했다는 기록이 있거나, 돈을 빌린 기간이 너무 길거나, 대출의 담보가 충분하지 않은 경우에는 채권자가 이자율을 더 높게 부를 수도 있지.

100,000원을 1년 동안 25% 이자율로 대출 받을 때

100,000원의 25%

100,000/100 = 1,000

1,000*25 = 25,000

1년 뒤 갚아야 할 총 금액은

100,000+25,000 = 125,000

대출을 기록하는 막대기, 탈리

소비자 신용의 발명

18세기를 거쳐 19세기에 이르는 동안, 중산층에서도 귀족들이 즐기던 고급 물건들이 유행하기 시작했어.
좋은 음식이나 고급 가구, 좋은 옷처럼 꼭 필요하지는 않지만 갖고 싶은 물건에 대한 수요가 늘었지.
이런 물건을 떼다가 소비자에게 판매하는 소매업자들은 유행에 발맞추기 위해, 또 유행을 부추기기 위해
다양한 방법을 시도했어. 이때 소비자들은 자기가 원하는 물건을 바로 살 수 있을 정도로
현금을 늘 갖고 있지는 않았어. 그래서 물건을 먼저 받고 값을 나중에 치르는 신용 거래를 하곤 했어.

1728년
최초의 당좌 대월
윌리엄 호그라는 상인이 어느 날 잠깐 자금이 부족한 상황을 맞닥뜨렸어. 빚을 갚아야 하는데 통장에 돈이 없었던 거야. 그러자 은행에서는 수수료를 받고 1,000파운드(오늘날 가치로는 66,000파운드가 넘어)를 인출해서 채무를 갚을 수 있게 해 줬어. 돈이 들어오면 은행에 1,000파운드와 수수료를 갚으라고. 이것이 역사상 최초의 '당좌 대월'이란다.

1803년 런던의 재단사들 이야기
런던의 어느 재단사 모임에서 옷을 맞춰 입고 값을 제대로 치르지 않은 고객들의 정보를 서로 나누기 시작했어. 신용 조회는 이렇게 시작되었단다.

1807년 최초의 할부 거래
카우퍼스웨이트 앤 선즈라는 뉴욕의 가구점에서 가구 할부 거래를 처음 시작했어. 소비자들은 가구를 사고 달마다 일정한 금액을 갚는 식으로 가구값을 치를 수 있었어.

1865년 동전 충전하기
여기 그림에 나온 동전 비슷한 물건들은 백화점에서 금속이나 셀룰로이드 소재로 만들어서 발행한 '토큰'이야. 이 토큰을 가진 고객은 현금을 주지 않고 물건을 구매할 수 있었어. 시간이 지나며 호텔, 주유소, 철물점 그리고 신발 가게 등에서도 이 토큰이 쓰이게 됐단다.

1919년
자동차 대출의 등장
자동차 회사 제너럴 모터스에서 차량 가격의 35퍼센트를 보증금으로 내면 달마다 할부금을 갚는 방식으로 자동차 대금을 빌려주는 대출 서비스를 시작했어. 1930년에는 거리에 다니는 자동차들의 3분의 2는 자동차 대출로 구매했을 정도가 되었단다.

지금 바로 가지세요

단 5일만 세일

1920년대 지금 사고, 나중에 갚으세요!
할부 거래가 너무 흔해져서 재봉틀, 라디오, 냉장고, 축음기, 세탁기, 진공청소기를 비롯한 다양한 물건들을 전부 할부로 사는 소비자들이 많아졌어.

1935년 차자–플레이트의 등장
'차자–플레이트'는 백화점에서 쓰는 신용카드의 할아버지쯤 되는 거야. 백화점에서 단골 고객에게 발행해 준 직사각형 모양의 작은 금속판으로, 고객의 이름과 주소를 눌러 새겼어. 차자–플레이트를 가진 단골 고객은 백화점에서 물건을 살 때 신용 거래를 할 수 있었지.

1946년 차지–잇
브루클린의 플랫부시 국립 은행에서 일하던 존 비긴스는 신용카드를 최초로 발행한 은행원이야. 하지만 이 신용카드는 존 비긴스가 근무하던 은행에서 반경 두 블록 안에 있는 가게들에서만 사용할 수 있었어.

1949년 다이너스 클럽 카드
프랭크 맥나마라라는 사람이 있었어. 그는 어느 날 뉴욕에서 저녁 외식을 하다가 집에 지갑을 두고 왔다는 사실을 깨달았지. 이 일을 계기로 프랭크 맥나마라는 최초의 대중적인 신용카드였던 다이너스 클럽 카드를 만들게 돼.

1958년 신용카드의 시작
1958년에는 아메리칸 익스프레스에서 발행하는 신용카드와 지금은 비자카드로 알려진 뱅크아메리카드가 출시된 해야. 1960년대 초까지 신용카드는 미국에서 엄청난 인기를 끌어, 아주 많은 사람들이 쓰기 시작했어.

1960년 마그네틱 띠
IBM 엔지니어였던 포레스트 패리라는 사람이 신용카드 뒷면에 들어가는 마그네틱 띠를 발명했어. 자성을 띠고 있는 마그네틱 띠에는 고객의 이름, 계좌번호, 카드 사용기한과 인증 비밀번호 같은 정보가 저장되었지.

신용카드 등장하다

19세기에 시작한 소비자 신용 붐은 1920년대에 시작된 할부 거래 덕분에 날개를 달았어. 1960년대에는 신용카드의 등장으로 그 인기가 로켓처럼 하늘로 치솟았지. 1970년에는 미국 가정의 약 16퍼센트가 신용카드를 쓰고 있었는데, 2021년에는 미국인의 70퍼센트가 신용카드를 적어도 한 장은 갖고 있으며 그중 34퍼센트는 세 장 이상을 갖고 있다고 해. 지구 전체에서 약 28억 장의 신용카드가 쓰인다고 추정하고 있어.

인출

리볼빙

1920년대부터 1960년대까지 가장 널리 쓰인 소비자 신용 거래 방식은 할부 거래였어. 빌린 돈의 액수를 쪼개서 정기적으로 갚는 방식이지. 이때 신용카드는 '리볼빙'이라는 새로운 방식을 제시했단다. 신용카드를 발행하는 회사에서 네 소득과 신용 기록을 토대로 네가 빌릴 수 있는 돈의 액수를 달마다 정해 주는 거야. 리볼빙 시스템에서는 네가 얼마나 소비했는지에 따라 카드 회사에 빚진 금액과 다달이 갚아야 하는 최소 금액이 매달 달라진단다. 보통 매달 갚아야 하는 최소 금액은 네 계좌에 들어 있는 총금액의 몇 퍼센트로 정해져. 카드 회사는 네가 빌린 돈을 전부 갚을 때까지 이자를 붙인단다.

소비

상환

신용카드의 시작, 다이너스 클럽

신용카드는 미국의 다이너스 클럽이라는 회사에서 처음 시작했어. 다이너스 클럽의 신용카드는 카드를 발행하는 회사에서 카드 사용자에게 상품이나 서비스를 직접 제공하지 않는 첫 번째 사례였어. 다이너스 클럽은 대신 여러 호텔과 레스토랑과 계약을 맺은 뒤 그곳에서 식사하거나 숙박한 고객들에게 다이너스 클럽 카드로 결제를 할 수 있게 했지. 이런 계약을 가맹점 계약이라고 해. 즉, 고객 입장에서는, 다이너스 클럽에 매년 수수료를 내는 조건으로 카드를 발급받으면 번거롭게 현금이나 수표를 매번 들고 다닐 필요 없이 카드 한 장으로 편하게 결제할 수 있게 된 거야.

카드 사용자 → 상품 또는 서비스 → **가게 주인**

매월 카드 대금 납부, 연간 수수료 → **카드 발행사** → 서비스 수수료, 상품과 서비스에 대한 대금 지불 → **가게 주인**

은행 카드

다이너스 클럽이 호텔과 레스토랑에서 결제하는 상황에 특화된 신용카드였다면, 은행 카드를 쓰는 사람들은 어디서 무엇을 구매하든 은행 카드로 결제할 수 있었지. 1950년대에 은행 카드가 처음 만들어졌을 때는 이미 거대한 유통회사들이 자신들의 가게에서 쓸 수 있는 신용카드를 자체적으로 발급하고 있을 때였어. '그런 유통회사들이 굳이 은행 카드로 결제할 수 있도록 은행과 계약을 하려고 할까?'라는 어려움이 있었어. 그렇지만 1960년대가 되자 유통회사들도 소비자 입장에서는 모든 상황에서 쓸 수 있는 은행 카드가 훨씬 편리하다는 점을 깨닫고 가맹점 계약을 맺기 시작했단다.

0000　0000　0000　0000

빚은 무서워

소비자 신용의 시대가 열리면서 많은 사람들이 이득을 봤어. 물건값을 결제할 때도 편리하고, 갖고 싶고 써 보고 싶은 물건이나 서비스가 있을 때 돈이 충분히 모일 때까지 기다릴 필요 없이 바로 살 수 있으니 좋았지. 하지만 소비자 신용에는 빚이라는 어두운 그림자도 뒤따랐단다. 상품과 서비스를 생산하는 기업과 사람들은 광고와 마케팅으로 그 물건을 사서 쓸 여력이 없는 사람들도 자기들이 만드는 물건을 원하도록 꼬드겼어. 그 결과, 빌린 돈을 갚지 못하거나 신용카드 대금을 제때 내지 못해 빚의 구렁텅이에 빠지는 사람들이 많아졌단다.

빚 때문에 노예가 된 사람들

빚을 갚지 못하고 시달리는 사람들은 스트레스와 빈곤 같은 심각한 결과를 맞닥뜨리게 돼. 다양한 시대와 문화권에서 모두 빚을 갚지 못한 사람들을 범죄자로 간주했단다. 고대 수메르 사회에서는 빌린 돈을 갚지 못하면 육체노동으로 갚아야 했어. 돈을 빌려준 사람을 위해 고된 노동을 해서 갚는 거야. 몇 년씩 고된 노동을 해서 빚을 갚는 사람들도 있었고, 다 갚지 못한 빚이 자식 세대로 넘어가 자식이 노예가 되는 경우도 있었어.

채무 노예

고대 로마 시대에는 돈을 빌리는 사람이 자기 몸을 담보로 저당 잡히기도 했어. 그렇게 돈을 빌린 채무자가 갚을 수 없는 상황이 되면, 이 채무자는 대출 상환을 위한 채무 노예가 되었어. 갚지 못한 빚을 육체노동으로 상환한다는 채무 노예 계약은 그 당시에는 합법이었어. 채무 노예는 평범한 노예와는 다르게 자유로운 시민으로서 지위를 유지하긴 했지만, 채권자에게 폭행과 같은 학대를 당하는 경우가 꽤 많았어.

채무 집행관

중세 유럽에는 법원에서 임명하는 '채무 집행관'이라는 직책이 있었어. 채무 집행관은 빚을 갚지 못한 채무자의 집에 들어가서 빚진 만큼의 물건을 압수한 뒤 채권자에게 넘기는 역할을 했어. 부정부패한 채무 집행관은 채무자가 진 빚보다 훨씬 많은 물건을 압수하고 나머지 물건은 자기 주머니에 챙기기도 했단다.

중세 유럽에서 빚 수금 방식은 자주 합법적으로 약탈하는 것과 비슷했어.

채무자 감옥에 갇힌 사람들은 행인의 적선 외에는 아무런 수입이 없는 경우가 대부분이었어.

채무자 감옥

1300년대부터 1800년대까지 영국에서는 본인이나 가족의 빚을 못 갚으면 다 갚을 때까지 감옥에 가두기도 했어. '채무자 감옥'은 정부가 세웠지만 수익이 나도록 운영되었어. 교도소장들은 잔인했어. 늘 초만원인 데다 으슬으슬 춥고 습기가 가득했어. 신분이 높은 사람들은 더 편안한 방에서 지내며 낮에 외출할 수도 있었지. 영국에서 빚 때문에 감옥에 가는 건 1869년이 마지막이었어. 오늘날에도 채무자들이 감옥에 가는 일이 있긴 하지만 그런 경우는 일부러 사기를 치거나 불법으로 큰돈을 챙겼을 때 뿐이란다.

경제란 무엇일까?

지금까지 우리는 사람들 또는 기업이 무언가 사고파는 수단으로 돈을 어떻게 활용하는지 배웠어. 이제 한 발짝 뒤로 물러서서 돈이 굴러가는 시스템 전체, 즉 경제를 살펴보자. 우리가 살아가는 세상에는 자원이 한정되어 있어. 일하는 사람들도, 땅도, 자연에서 얻는 원자재의 양도 정해져 있지만 이 모든 것들에 대한 수요는 끝 모를 정도로 커지고 있지. 경제는 이렇게 한정된 자원을 생산과 소비, 무역을 위한 수단으로 쓸 수 있도록 돈을 통해 분배하는 체제야. 경제는 크게 시장경제와 계획경제 두 가지로 나뉘어.

시장경제

'시장경제'에서는 무엇을 생산하고 판매할지, 또 그 가격은 얼마나 정할지를 생산자가 결정해. 돈을 벌려면 생산자는 소비자가 원하는 물건을 생산해서 적당한 가격에 팔아야 하지. 생산자 한 명 한 명은 그저 더 많이 수익을 얻고 경쟁하는 다른 생산자보다 앞서기 위해 애써. 모든 생산자가 이렇게 노력하고 있기에 더 많은 사람들이 그 이점을 누리게 돼. 이런 점에서 시장경제는 자원을 나누어 배치하는 데 효과적인 체제야. 생산자들은 서로 경쟁하며 혁신하고, 부와 일자리를 만들어 내고, 소비자에게 다양한 상품을 선택할 수 있는 기회를 주지. 시장경제 모델은 성공적으로 유지되어 왔지만, 아주 순수하게 시장경제로만 돌아가는 사회는 많지 않아.

계획경제

'계획경제'는 무엇을 생산할지, 그 가격을 어떻게 매길지 정부가 결정하는 경제체제야. 계획경제 체제에서는 어떤 노동자가 어디서 일할지 또 임금은 얼마나 받을지도 정부가 결정해. 이런 체제에서는 불평등의 정도가 낮고 모두가 직업을 가질 수 있어. 하지만 경쟁이 없다 보니 자원이 비효율적으로 배치되고 상품의 질이 낮고 혁신적인 변화는 일어나기 어렵지. 계획경제를 채택한 나라는 지금은 거의 없어지고 북한과 쿠바 정도만 남았단다. 그러니 성공적인 경제체제로 보긴 어렵지.

혼합경제

대부분의 나라들은 시장경제와 계획경제를 섞은 '혼합경제' 시스템으로 운영된단다. 혼합경제는 시장경제를 기본으로 운영하지만, 노동자의 권리나 환경 등 어떤 요소들은 정부 규제 등으로 관리하는 체제란다. 철도나 에너지 공급망 등 경제에 필수적인 부문을 정부가 소유하고 운영하기도 하지.

세금이 가지가지

물건을 사거나 친구에게 돈을 빌려줄 때 등 다양한 상황에서 돈이 실제로 사람과 사이를 오가는 것을 볼 수 있어. 하지만 그 뒤편에서 보이지 않게 움직이면서 우리 사회가 제대로 돌아갈 수 있게 하는 돈도 있단다. 우리 모두는 법과 질서 유지, 건강보험, 교육, 복지 혜택과 쓰레기 수거 및 처리 등 공공 서비스의 혜택을 누려. 이런 공공 서비스를 운영할 때도 돈이 들지. 우리는 정부가 이런 서비스를 제공할 수 있도록 '세금'이라는 돈을 낸단다.

세금을 내는 목적

세금을 내는 가장 큰 이유는 공공 서비스가 돌아갈 수 있게 그 비용을 대는 거지만, 다른 이유도 있단다. 옛날부터 통치자들은 자기들의 부를 위해서, 전쟁 비용을 대기 위해서, 아니면 자기가 세운 공을 기념하는 기념비를 짓는 등 다양한 목적으로 세금을 걷어 왔어. 비교적 최근에는 술이나 담배에 세금을 붙여서 정부 수입을 늘리면서도 사람들이 몸에 좋지 않은 소비를 줄이려고도 하지. 또 더 부유한 사람들에게 더 높은 세금을 부과해서 불평등을 줄이기 위해 노력(54~55쪽 참고)하기도 해.

적절한 세율 찾기

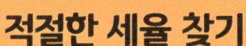

정부는 세금으로 걷는 수입을 최대한 늘리기 위해 사람들에게 세금을 얼마나 걷어야 할지 그 세율을 조정해.

반면 세금이 너무 높다면, 사람들은 일을 열심히 하겠다는 동기를 잃거나, 심지어는 세금이 낮은 나라로 이주하거나 세율이 낮은 조세 회피처로 재산을 빼돌리는 결정을 내릴 수도 있어. 그럼 결국은 세금 수입이 줄어들겠지.

정부가 개인과 기업에게 세금을 너무 적게 걷으면 질 좋은 공공 서비스를 제공할 수 없을 거야.

희한한 세금들

정부는 세금을 걷기 위한 다양한 방법을 찾아냈어. '소득세'처럼 수입에 세금을 매기고, '법인세'처럼 기업의 이익에 매기기도 하고, '부가가치세'처럼 상품과 서비스를 판매하는데 매길 수도 있어. 실제 역사에 있었던 특이한 세금에는 뭐가 있냐면 말이지.

세금 내요!

1696년 창문세

잉글랜드에서는 1662년에 굴뚝세가 도입되었는데 굴뚝이 있는지 알려면 집 안까지 들어가야 했기 때문에 실제로 걷긴 어려웠어. 창문은 집 밖에서도 확인할 수 있으니 굴뚝세보다 창문세가 걷기 쉬웠지만 사람들의 반발이 거셌지. 사람들은 창문세를 내지 않으려고 벽돌을 쌓아 창문을 가렸어. 창문세는 신선한 공기에 물리는 세금이라는 별명을 얻었고 '햇빛 도둑'이라고도 불렸단다.

60년 소변세

고대 로마에서 인간의 소변은 가죽을 무두질하거나 빨래, 양치에 쓰이는 등 유용한 물건이었어. 네로 황제는 소변 매매에 세금을 매겼어. 이 일로 널리 알려진 라틴어 경구 'Pecunia non olet(돈에서는 냄새가 나지 않는다)'가 쓰이게 됐단다.

1100년 겁쟁이 세금

중세 잉글랜드의 기사들은 왕에게 세금을 내면 전쟁에 나가 싸우지 않아도 됐어. 공식적으로는 병역 면제금이라는 이름이 있었지만, 많은 사람들은 이를 '겁쟁이 세금'이라고 불렀단다.

1535년 수염세

잉글랜드의 헨리 8세는 수염에 세금을 처음으로 물린 사람이야. 그 자신도 수염이 덥수룩했지만 자기만 쏙 빼고 수염 기르는 사람들에게 세금을 물렸지. 그러자 휘날리는 긴 수염은 세금을 낼 만큼 돈이 많다는 것 즉, 높은 사회적 지위를 상징하게 됐어. 러시아의 표트르 대제는 당대 서유럽 유행처럼 러시아 남자들도 반듯하게 면도하길 바라며 1724년에 비슷한 세금을 도입했어.

1784년 모자세

18세기 잉글랜드에서 모자는 비싼 물건이어서 모자가 여러 개 있으면 부자라는 뜻이었어. 그래서 세금 붙일 구실이 되었지. 모자 판매자와 구매자가 모두 모자세를 내야 했어. 어떤 모자 상인들은 모자세를 내지 않으려고 모자에 모자가 아닌 다양한 이름을 붙여 팔았어. 결국 1804년에는 모자세가 '모든 머리 장식'에 부과되는 세금으로 확대되었단다.

금융시장이란?

보통 시장에서는 사람들이 음식이나 옷 같은 물건을 사고팔아. 사람들이 '주식'이나 '채권'처럼 돈과 관련된 자산을 매매하는 시장을 '금융시장'이라고 해. 주식은 회사가 자본을 모으기 위해 회사의 지분을 쪼개서 팔 때 그 쪼갠 부분을 의미해. 주식을 구매한 주주는 회사가 낸 이익의 일부를 '배당금'으로 받을 수 있어. 채권은 정부나 기업에서 발행하는 증명서로, 해당 정부나 기업이 빌린 돈을 정해진 이자율에 따라 갚겠다고 약속하는 종이야. 금융시장은 '뉴욕증권거래소'처럼 실제로 존재하는 장소일 때도 있고 인터넷사이트일 수도 있어.

프레드가 어떤 회사의 주식을 샀어.

그 회사는 주식을 팔아서 번 돈을 투자해서 회사를 더 키우고 이윤을 더 많이 내. 그러면 프레드가 산 주식의 가치는 더 높아져.

프레드는 그 주식을 계속 가지고 있으면서 배당금을 받을 수 있어.

프레드는 자기 몫의 주식을 질에게 팔아서 이익을 볼 수도 있어.

최초의 채권

12세기에 베네치아 정부는 전쟁 비용으로 돈을 모으는 새로운 방법을 생각해 냈어. 정부는 베네치아 사람들에게 돈을 빌린 뒤 '프레스티티'라는 증명서를 줬어. 프레스티티에는 정해진 시기에 빌린 돈에 5퍼센트 이자를 붙여 돌려주겠다는 약속이 쓰여 있었어. 이것이 바로 최초로 발행된 정부 채권이야. 얼마 지나지 않아 프레스티티는 인기를 끌게 되고 이를 사고파는 시장이 만들어졌어.

최초의 주식

1602년에 설립된 네덜란드의 동인도회사는 사람들에게 회사 주식을 판매한 첫 번째 회사야. 동인도회사는 이렇게 주식을 팔아서 번 돈을 동인도, 즉 인도·인도네시아·말레이 제도를 포함하는 아시아 남동부 지역으로 항해를 나가는데 투자하고, 노예무역과 향신료 무역으로 벌어들인 이익을 주주들에게 일부 나눠 주었어. 동인도회사의 주식은 같은 해 네덜란드 암스테르담에 세워진 '암스테르담증권거래소'에서 거래됐어.

데일리 뉴스

1929년 10월 ══════════════════════════ **뉴욕시**

1929년 월스트리트 대폭락

금융시장은 마구 솟구치다가도 어느 날 갑자기 요동치고 고꾸라지기도 해. 뜬소문이나 사소한 경제 뉴스도 가격을 들었다 놨다 할 수 있어. 돈을 벌겠다는 욕망, 적어도 잃지는 않겠다는 욕구가 큰 영향을 미치고, 가끔씩은 사람들이 증권거래소에 우르르 몰려가서 금융시장의 오르내림을 결정하기도 하지. 1929년 월스트리트 대폭락 때 바로 이런 일이 아주 극적으로 나타났어.

포효하는 20년대

1920년대는 미국의 호황기였어. 나라 전체에 낙관주의가 넘실댔고 주식시장에 투자하는 것이 유행처럼 번졌지. 주가가 하늘 높이 뛰면서 그 회사가 가진 전체 자산보다도 회사의 가치가 훨씬 높게 책정되곤 했어. 부유한 금융가부터 평범한 투자자까지, 열광에 휩싸여 현실 감각을 잃고 이대로 자산 가격이 쭉 상승하리라고 믿었지.

재난의 시작

월스트리트 대폭락은 1929년 10월 말, 월스트리트에 자리 잡고 있었던 뉴욕 증권거래소에서 단 3일 만에 일어났어. 아주 많은 사람들이 이제는 주식을 팔아야겠다고 한꺼번에 결정한 거야. 팔겠다는 사람은 엄청나게 많고 사겠다는 사람은 거의 없으니 주가가 바닥을 쳤지. 그 3일 동안 미국 기업들의 가치가 수십억 달러 넘게 증발했어. 그 후 몇 년간 금융시장은 쭉 하락세였어. 1932년에도 주가는 폭락 전 가격에서 90퍼센트가 넘게 빠진 상태였단다.

1929년 월스트리트 대폭락 다음 날 뉴욕증권거래소 복도를 청소부가 쓸고 있어.

대폭락 그 후

월스트리트 대폭락의 결과로, 기업들은 파산하고 은행은 문을 닫았어. 수백만 명의 사람들이 일자리를 잃었고 전 세계가 기나긴 경제 불황의 수렁에 빠졌지. 대폭락은 정치에도 아주 큰 영향을 미쳤어. 유럽에서는 극단적인 우익 세력이 등장해서 유대인 같은 '외국인들' 때문에 일자리가 부족하고 경제가 최악인 거라고 나쁜 선동을 펼쳤어. 독일에서는 나치당이 1933년에 정권을 잡게 되지. 이는 아주 참혹한 결과로 이어졌어.

부와 가난과 불평등

돈은 모든 사람에게 필요하지만, 어떤 사람들은 남보다 더 많은 돈을 가지기도 해. 언제나 그랬어. 역사적으로 봤을 때 사냥하고 자연에서 먹을 것을 얻었던 수렵 채집 사회가 가장 평등한 사회에 가까워. 수렵 채집 사회에서 살아가는 사람들은 가진 것을 서로 나눴거든. 인류는 만 년 전쯤 농사를 짓기 시작하면서 부와 재산을 쌓아서 자식에게 물려줄 수 있게 됐어. 불평등은 이렇게 시작되었지.

불평등의 역사

경제적 불평등은 한 사회에서 가장 부유한 사람들과 가장 가난한 사람들이 가진 부의 차이를 말해. 역사를 거치면서 그 양상은 계속 변화해 왔어. 중세 시대에는 최악으로 불평등했지. 몇 가문이 잉글랜드 땅 전체의 1/4을 가지고 있을 정도였어. 1347년부터 1351년까지 흑사병이 유럽을 휩쓸며 불평등은 가파르게 줄어들었어. 너무 많은 사람들이 죽어 일할 사람들이 적어지자 지주들이 일꾼에게 품삯을 더 많이 주어야 했거든. 영국에서는 1900년부터 1910년 사이에 불평등이 다시 심각해져서, 가장 부유한 10%의 사람들이 나라 전체 부의 94%를 가졌어. 20세기를 거치면서 불평등은 다시 줄어들어서 1990년에는 가장 부유한 10%의 사람들이 나라 전체 부의 48%를 가졌어. 그런데 1990년대 이래로 불평등이 다시 조금씩 심해지고 있어.

불평등의 원인

부가 골고루 나눠지지 않는 데는 여러 이유가 있어. 어떤 사람들은 부유해지기 쉬운 능력을 이미 갖추고 태어나기도 하지. 또, 어떤 직업군은 아주 중요하고 숙달된 능력이 필요한 직업이지만 급여가 높지 않기도 해. 유독 일자리가 적은 지역이 있는 것처럼 지역이나 지리 요소도 영향을 미치지. 교육도 아주 중요한 요소야. 더 좋은 학교에서 공부하거나 더 좋은 곳에서 일을 배울 수 있다면 더 높은 급여를 받을 가능성이 커지니까 말이야. 이 외에도 성별, 인종, 장애, 나이 등도 불평등에 영향을 주는 요소야. 여성, 인종적 소수자, 장애인, 신경-다양인, 노인 등은 취업 시장에서 불리한 것이 거의 모든 나라의 현실이야.

부의 집중과 대물림

불평등을 만드는 가장 큰 원인은 부유한 사람들에게 부가 더 쉽게, 더 많이 모인다는 점이야. 이미 돈을 많이 가지고 있다면 돈을 벌 수 있는 새로운 기회에 그 돈을 투자할 수 있겠지. 부동산을 사서 세를 놓을 수도 있고, 새로운 기술을 배우는 교육비로 쓸 수도 있지. 경제적으로 불리한 사람들에게는 이런 기회가 주어지지 않아. 부자들은 자식들에게 더 좋은 교육을 제공하고 재산을 물려줄 수 있기 때문에 부의 집중은 대를 이어 계속되지.

불평등은 왜 문제일까?

가장 가난한 사람들도 적당히 괜찮은 삶을 살 수 있는 사회라면 빈부 격차가 크더라도 별 문제는 없지 않을까? 부자들이 더 부유해지면 더 많이 소비하게 되고, 그러면 소비할 물건과 서비스를 제공하는 기업이 더 많아져서 일자리가 늘고 사회 전체의 부가 커진다고 주장하는 사람들도 있어. 이런 주장을 '낙수 이론'이라고 한단다. 한편 부자들은 자기가 돈을 벌어들인 나라에서 그 돈을 항상 소비하지 않고, 세금을 피할 수 있는 나라에 옮겨 둔다고 지적하는 사람들도 있지. 이처럼 낙수 이론을 반대하는 사람들은 불평등이 공동체 정신을 약하게 하고 불안을 높여서 사회를 약하게 만든다고 주장한단다.

금으로 화폐 가치를 떠받치는 제도

금은 기원전 600년쯤부터 물품화폐로 쓰였어(8쪽 참고). 금은 매우 귀하고 가치가 높았기 때문에 일상적인 거래에서는 잘 쓰이지 않았어. 금화보다는 은화와 구리 동전이 훨씬 흔했지. 지폐와 대표화폐(24~27쪽 참고)를 쓰게 되면서, 정부는 정부가 보증하는 화폐의 가치를 금속과 연동해, 정해진 비율에 따라 화폐와 금속을 교환할 수 있게 했어. 처음에는 화폐 가치를 은에 연동했지만, 나중에는 금을 그 기준으로 삼았어. 이것을 '금본위제'라고 해.

16세기 초, '여덟 조각'이라고도 알려진 에스파냐 은화는 에스파냐를 넘어 외국에서도 유통되었어. 에스파냐 은화는 에스파냐 제국 전체에서 쓰였고 다른 나라들도 자기 나라의 화폐 가치를 에스파냐 은화에 연동시켰어.

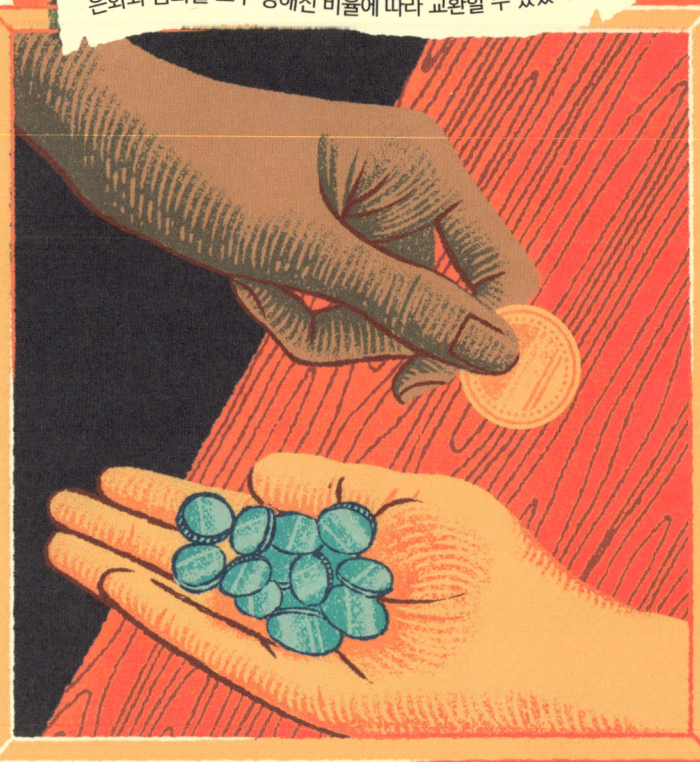

다른 나라들은 대부분 은본위제를 실행했지만, 영국은 두 금속에 화폐 가치를 연동시키는 복본위제를 실행해서 은화와 금화를 모두 정해진 비율에 따라 교환할 수 있었어.

그렇게 1717년이 되었고, 유명한 과학자이자 영국 왕립 조폐국의 국장이었던 아이작 뉴턴 경은 특이한 결정을 내렸어.

"이제부터 금화 1개는 21실링과 같은 가치를 갖습니다."

"은화에 비해 가치가 지나치게 높은 것 같은데요. 진심이세요?"

금의 시대

나라에서 금본위제를 실행한다는 말은 그 나라의 화폐를 금으로 바꿀 수 있고, 고정 환율에 따라 은행에서 발행한 지폐를 단위 무게에 맞춘 금으로 교환할 수 있다는 뜻이야. 예를 들어 영국에서는 금 약 31그램과 화폐 4.25파운드가 가치가 같았어. 이때 시중에 유통되는 돈의 양은 영국 중앙은행의 금 저장고에 있는 금의 양과 같아야 했지. 그래서 정부는 돈을 마음대로 찍어 낼 수 없었어.

금본위제의 장점

금본위제에는 중요한 장점이 몇 가지 있었어. 정부가 돈을 무한정 찍어 낼 수 없어서 물가가 쉽게 변하지 않았고 초인플레이션(62~65쪽 참고)을 막을 수 있었지. 1914년 영국의 물가는 1880년의 물가와 별 차이가 없었어. 또한 금본위제에서는 환율에 정해진 패턴이 있었기 때문에 국제 무역에서도 확실한 예측을 할 수 있었지. 수출할 때 유리하게 하려고 일부러 자국 화폐 가치를 낮추는 행위를 할 수 없었기 때문이야.

금본위제의 단점

금본위제에서는 금을 생산하는 나라들이 불공평할 정도로 경제적 이득을 봤어. 새롭게 금맥을 찾거나 금 생산량이 갑자기 늘면 돈의 공급도 함께 늘었고 물가가 오르는 인플레이션도 찾아왔어. 금본위제는 유통되는 화폐의 총량을 제한했기에 경제 성장에 제동을 거는 역할도 했어. 세계적인 화폐 공급량은 세계 경제의 필요보다는 금광에서 채굴하는 금의 양에 따라 변화했어. 따라서 정부는 경기를 띄우기 위해 화폐 공급을 일시적으로 늘리거나 국가적인 위기 사태 때 인도적 지원을 하는 등의 결정을 내릴 수 없었어.

국제통화 체제

1870년대에 미국, 프랑스, 독일에서 금본위제를 정식으로 채택했어. 여러 다른 나라들이 곧이어 그 뒤를 따랐지. 이 새로운 국제통화 체제 아래에서는 거의 모든 나라들이 자국의 화폐 가치를 금에 연동했어. 각각의 통화가치가 금에 묶여 있었기 때문에 서로 다른 통화끼리도 연결이 되어서 겉보기에는 안정적인 시스템이 만들어졌어.

전쟁의 대가

금본위제는 40년을 채우지 못하고 1914년 제1차 세계 대전이 발발하면서 끝났지. 유럽 여러 나라의 정부들은 엄청난 군비를 대기 위해서 돈을 찍어야 했어. 중앙은행 금 저장고에 모아 둔 금의 양이 통화량 증가를 따라잡을 수가 없어서 금본위제를 포기해야 했지. 전쟁이 끝나자 정부들은 전쟁 동안 돈을 마구 찍어 내서(22쪽 참고) 생긴 인플레이션을 잡고 전쟁 이전의 국제통화 체제를 복구하려고 노력했어. 1927년에는 많은 나라들이 금본위제로 돌아왔지만 그것도 오래가진 않았어. 1930년대에 대공황(39쪽 참고)이 터졌거든.

브레턴우즈 체제

제2차 세계 대전이 끝난 뒤 승전국들은 미국 뉴햄프셔주의 브레턴우즈에서 만나 새로운 종류의 금본위제를 시작하기로 논의했어. 이번에는 미국 달러 35달러를 금 1온스의 가치로 고정하고, 다른 통화들은 ±1퍼센트 오차 범위를 두고 미국 달러에 고정환율로 묶어 가치를 유지하는 방식이었지. 1960년대까지는 이 체제가 비교적 잘 유지되었지만, 프랑스 정부가 저장해 둔 달러를 금으로 맞바꾸며 미국 중앙은행의 금 저장고를 비우기 시작하자 흔들리게 되었지. 그때 미국은 베트남 전쟁을 치르느라 경제적 타격을 입고 있었어.

닉슨 쇼크

1971년 8월 15일, 미국 대통령 리처드 닉슨은 미국 달러를 금으로 교환하는 '국제 태환제도'를 끝냈어. 처음에는 미국 달러와 금 사이 환율을 다시 계산해서 정할 때까지만 잠시 정지하자는 의도였지만, 이렇게 멈춘 금 태환제도는 다시 시작되지 않았어. 미국과 세계의 주요 나라들이 금본위제를 포기한 거야. 지금 세계 각국의 통화는 어디에도 묶이지 않고 시장에 의해 가치가 결정되고 정부 승인에 의해서만 뒷받침되고 있어. 명목화폐(8쪽 참고)의 시대가 시작된 거지.

외국 돈을 사고팔다

금본위제가 유지되는 동안 세계 여러 나라의 통화는 서로 묶여 있었고 환율 변동도 아주 사소한 정도였어. 그때는 달러 가치가 오를 것이라고 예상하고 영국 파운드를 미국 달러로 바꾼다고 해서 실제로 볼 수 있는 이득은 거의 없었지. 하지만 1971년 금본위제가 폐지되자 상황이 달라졌어. 그때부터 국제통화는 붕 뜬 상태로 시장의 움직임에 따라 가치가 오르락내리락하게 된 거야. 외환시장 또는 외국환 시장이라고 하는 외환 거래에 아주 큰 변화가 생겼지.

환전업자

외환 거래의 역사를 알려면 아주 오래전, 무역상들이 가져온 화폐를 그 지역에서 통하는 돈으로 바꿔 주고 수수료를 받던 환전업자들이 있던 시기로 거슬러 올라가야 해. 15세기, 이탈리아 피렌체의 메디치 은행은 무역상들이 환전할 수 있게 외국에도 지점을 냈어. 최초의 외환시장은 17세기 네덜란드 암스테르담에 만들어졌어. 영국과 네덜란드의 무역업자들이 암스테르담 외환시장에서 통화를 사고팔았지. 1850년대에는 '알렉산더 브라운 앤 선즈'라는 미국 회사가 환전 업계의 선두주자로 활동했어.

세상에서 가장 큰 시장

외환시장은 금본위제가 폐지되고 10년쯤 지난 1980년대 초에 아주 커졌어. 오늘날 외환시장은 하루 평균 미국 달러로 4조에서 5조 달러가 거래되는, 세상에서 가장 큰 금융시장이야. 외환시장은 하루 24시간 내내 열려 있고 주말에만 문을 닫는 진정한 국제시장이라고 할 수 있어. 우리가 외국으로 휴가를 가느라 환전할 때 적용되는 환율은 세계 곳곳의 외환 거래자들이 수백만 번씩 통화 매매를 한 결과가 쌓이고 쌓이면서 정해진 환율이란다.

한 쌍으로 묶인 가격

외환시장에서 통화를 거래할 때는 항상 두 가지 통화가 짝을 이루지. 예를 들면, 미국 달러를 일본 엔으로 바꾸거나 유로를 영국 파운드로 바꾸는 식이야. 통화가치는 그 화폐가 쓰이는 나라들의 경제 상황이나 그 나라 정부의 정책이 어떤지, 정치적으로 안정되었는지 등 다양한 요인에 따라 오르락내리락해. 통화가치는 소수점 아래 네 자리까지 표기하는데, 통화가치가 아주 조금만 움직여도 그 화폐를 큰 단위로 사고파는 외환 거래자들에게는 매우 큰 손실이나 이득이 되곤 해.

현물환시장, 선도거래, 선물시장

외환시장에는 '현물환시장', '선도거래시장', '선물시장' 이라는 세 주요 분야가 있어. '현물환시장'은 통화를 사는 사람과 파는 사람이 그 자리에서 맞교환하는 시장이야. '선도거래시장'은 파는 사람과 사는 사람 모두 미래의 어느 시점에 자신들이 구매하는 통화가 판매하는 통화보다 가치가 오를 것이라고 믿으면서 서로 정한 날짜와 금액에 따라 거래하는 당사자 간 계약이야. '선물시장'은 선도 거래와 비슷하지만 시장이 표준화되어 있고(지켜야 하는 규칙이 있다는 이야기야) '시카고상업거래소' 같은 상품거래소에서 거래한다는 점이 달라.

돈이 통하지 않는 순간

이 책 초반에 말했듯이, 돈은 우리 모두가 믿기 때문에 작동하는 마법 같은 거야. 만약 사람들이 단체로 그 마법을 믿지 않기로 하면 무슨 일이 벌어질까? 그때는 초인플레이션이 발생한단다. 초인플레이션은 화폐의 가치가 아주 빠른 속도로 떨어지면서 매일매일, 아주 심각하게는 매시간 물가가 오르는 현상을 말해. 경제가 이미 발전한 국가에서는 초인플레이션이 잘 일어나지 않지만, 초인플레이션을 직접 겪고 있는 사람들에게는 너무 무서운 일이야.

인플레이션 VS 초인플레이션

건전한 인플레이션 비율 또는 물가상승률은 2퍼센트 정도야. 즉 해마다 물가가 2퍼센트 정도 오르는 것은 문제가 되지 않는다는 얘기지. 다만 가끔 물가가 가파르게 상승할 수도 있어. 예를 들어 영국 사람들은 제1차 세계 대전 때 25퍼센트의 물가상승률로 고통받았어. 하지만 초인플레이션은 그 규모가 완전히 달라. 물가가 해마다 600퍼센트 이상 상승하는 경우에 그 나라 화폐가 초인플레이션을 겪고 있다고 해. 이런 상황에서는 물가가 통제할 수 없을 정도로 오르고 정부도 할 수 있는 일이 거의 없어.

돈이 너무 많이 풀렸을 때

초인플레이션은 대개 돈을 찍어 내는 과정에서 시작되곤 해. 경제가 불황일 때 정부는 화폐 공급을 늘려서 개인 소비자들과 기업이 돈을 더 많이 빌리고 소비하도록, 그만큼 은행이 대출을 더 해 주도록 독려해. 하지만 이렇게 돈을 찍어 내는 속도는 빠른데 경제 성장률이 그만큼 따라가지 못하면 시중에 돈은 넘쳐나지만 살 물건은 없는 결과로 이어지지. 그러면 수요가 갑자기 커지니까 생산자들은 가격을 올릴 거야. 또한 사람들은 더 비싸진 물가를 감당해야 하니까 임금을 올리라고 요구하겠지. 그렇게 인플레이션이 반복되는 거야. 불경기가 지속되고 정부가 계속 돈을 찍어 내면 그때는 초인플레이션으로 이어질 수 있어.

새로운 통화 도입

초인플레이션을 멈추려면 정부에서는 과감한 조치를 취해야 해. 물가상승을 막는 법안을 통과시키는 정도로는 부족해. 유통업자들은 손해를 보면서 물건을 파느니 재고로 두는 걸 택하기 때문에 자칫하면 식량 공급이 부족해져 사람들이 굶는 사태로 이어질 수 있어. 이때 정부가 택하는 과감한 조치 중에는 자국 통화를 더 안정적인 통화나 금에 연동시키는 방법이 있어. 어떤 나라들은 심지어 자국 통화를 버리고 미국 달러 같은 국제통화를 채택하기도 했단다.

헝가리

헝가리는 제2차 대전 때 공장이 대부분 폭격을 맞아서 전쟁 이후 심각한 불경기에 시달렸어. 정부에서는 돈을 더 찍어 내는 방식으로 대응했어. 결국 1945년 말부터 1946년 7월까지 헝가리 통화 '펭고'는 역사상 최악의 초인플레이션의 늪에 빠졌어. 초인플레이션이 가장 심했을 때는 15.3시간마다 가격이 두 배로 뛰면서 월간 물가상승률이 4조 1900경 퍼센트였어(1경에는 0이 16개 붙어). 결국 어느 시점에 정부는 유례가 없을 정도로 단위가 큰 지폐인 100경(0이 18개 붙는 숫자야) 펭고를 발행해야 했지.

유고슬라비아

지금은 없어진 유고슬라비아는 1992년부터 1994년까지 2년 동안 초인플레이션을 겪었어. 1994년 1월에는 월간 물가상승률 3억 1,300만 퍼센트로 최악의 정점을 찍었지. 음식을 살 수 없어서 구호 물품이나 시골에서 농사짓는 친척들의 도움으로 버텨야 했어. 주유소들도 오랫동안 닫혀 있었지. 사람들은 거의 쓸모가 없어진 유고슬라비아 통화 '디나르' 여러 무더기를 독일에서 쓰는 1마르크나 미국 달러 1달러로 교환했어.

짐바브웨

짐바브웨도 2007년부터 2009년까지 초인플레이션을 겪었어. 초인플레이션이 최악으로 치달았던 2008년에는 월간 물가상승률이 796억 퍼센트까지 올랐어. 물가상승이 너무 심각해서 간호사도 학교 선생님도 통근 버스비를 감당하지 못할 정도였어. 2009년 4월, 짐바브웨는 자국 통화를 버리고 외국 통화, 그중에서도 미국 달러를 쓰기 시작했어. 2019년에 짐바브웨 정부가 짐바브웨 달러를 다시 도입하자 초인플레이션 정도는 아니었지만 인플레이션이 다시 시작되었지. 2022년 7월이 되자 연간 물가상승률이 285퍼센트까지 올랐어.

독일이 겪은 초인플레이션

역사상 가장 잘 알려진 초인플레이션 사태는 1923년 독일에서 일어났어. 빵 한 덩어리 가격이 2억 '마르크'까지 오를 정도였어. 장을 보러 갈 때 바퀴 달린 손수레에 돈을 쌓아서 가져가야 했고, 초인플레이션이 닥치기 직전에 집을 팔고 그 돈으로 생활하려고 했던 어떤 여성은 집을 판 돈으로 빵 한 덩어리도 사 먹지 못했지. 1923년 11월에는 미국 달러 1달러의 가치가 4조 마르크에 달했어. 지폐 한 장을 인쇄하는 비용이 그 지폐에 찍힌 액면가보다 많이 들었어.

하늘 높은 줄 모르는 물가

1923년 가을에는 물가가 너무 빠르게 올라서 사람들이 감당을 할 수 없었어. 누가 커피를 주문하면 그 커피가 나오는 동안 가격이 두 배로 뛸 정도였어. 하루치 일당으로 아무것도 살 수 없을 정도라서 노동자들은 점심, 저녁 두 번으로 나누어 받기도 했어. 고정 수입으로 살아야 하는 학생이나 연금 생활자 또는 저축해 둔 돈으로 생활하는 사람들이 가장 큰 타격을 입었지.

전쟁의 대가

제1차 대전이 끝나고 독일에 남은 건 어마어마한 빚과 승전국에 갚아야 하는 엄청난 전쟁배상금이었어. 독일 정부는 독일에서만 쓰는 통화인 '라이히스마르크'를 대량으로 찍어 내는 방법으로 대응했지. 통화 공급이 늘자 물가도 빠르게 오르기 시작했어. 사람들은 돈의 가치가 떨어지고 있다는 것을 깨닫고 돈을 금방금방 써 댔고 인플레이션은 더욱 급격하게 진행되었지.

쓸모없는 종이 쪼가리

아이들은 쓸모없어진 라이히스마르크 돈다발을 가지고 탑을 쌓으며 놀았어. 어른들은 라이히스마르크 지폐로 스토브에 불을 때거나 케이크 틀에 넣어 모양 잡는 데 쓰고 심지어는 벽지로 발라 버리기도 했어. 어떤 여성은 여행 가방에 지폐를 가득 채워 동네 식료품점에 갔는데, 누군가 여행 가방을 훔쳐 가면서 돈은 길가에 버리고 가는 일도 있었단다.

렌텐마르크

독일의 초인플레이션은 심각한 정치적 위기로 이어졌어. 11월 초에는 아돌프 히틀러라는 젊은 남자가 이끄는 '나치'라는 이름의 소규모 파시스트 정당이 정부를 뒤집어엎으려 했지만 실패했지. 1923년 11월 16일 독일 정부는 새로운 국가 통화인 '렌텐마르크'를 도입해 금과 연동했어. 1렌텐마르크는 10억 라이히스마르크와 같은 가치를 가졌어. 가게에 붙은 가격표에서 0이 9개씩 사라졌지. 초인플레이션의 악몽을 떨치기 위해 사람들은 렌텐마르크를 받아들였고 물가는 안정되었어.

가짜 동전부터 위조지폐까지

돈이 생긴 때부터 위폐, 가짜 돈을 만들어 이득을 보려는 사람들이 꼭 있었어. 가짜 돈을 만드는 화폐 위조는 당연히 불법이고 여러 가지 문제를 낳는 심각한 범죄야. 물건을 팔고 가짜 돈을 받은 사람만 문제를 겪는 정도가 아니었어. 시중에 위조 화폐가 많이 돌면 진짜 돈의 가치도 떨어지고 인플레이션(22~23쪽 참고)이 발생할 수 있거든. 또, 자기 주머니에 든 돈이 진짜 돈이라고 믿지 못하게 되면 사회 전반적으로 화폐에 대한 믿음이 떨어지지.

최초로 가짜 돈을 만든 사람들

돈이 만들어진 초기에 위조업자들은 진짜 동전에서 금속을 떼어 낸 다음 가치가 낮은 비금속과 섞어 가짜 동전을 만들었어. '푸레'라는 프랑스어 단어로도 알려진 이 가짜 동전은 대부분 비금속으로 만든 몸통 표면에 금속을 얇게 발라 받는 사람의 눈을 속였어. 겉에 바른 얇은 금속은 주로 진짜 동전을 얇게 깎아내거나 진짜 동전 여러 개를 자루에 담아 비비고 문질러 얻은 가루를 녹여서 만들었어.

오늘날 위조업자들은 주로 지폐를 위조한단다. 진짜 지폐를 높은 해상도로 스캔한 뒤 질 좋은 종이에 인쇄하는 거야. 이렇게 만든 위조지폐는 오늘날 지폐에 쓰이는 위조 방지 장치(68~69쪽 참고)가 없는 경우가 많지만 보통 사람의 눈에는 잘 보이지 않지. 미국 달러 지폐에 쓰이는 독특한 종이는 상업적 목적으로 판매할 수 없어서 (69쪽 참고), 1달러나 5달러 지폐의 잉크를 흐리게 표백한 다음 100달러 지폐를 인쇄하는 데 재사용하는 경우도 있대.

위조지폐는 적국의 경제를 흔들어서 전쟁에 이기기 위한 수단으로 쓰이기도 했어. 미국 독립전쟁 때는 영국인 위조업자들이 미국 통화의 가치를 떨어뜨리려고 가짜 달러를 유통시켰지. 이 사람들은 가짜 돈을 쑤셔 넣는다는 뜻의 '쇼버'라고도 알려져 있어. 제2차 세계 대전 중에는 나치가 비슷한 전략으로 유대인 예술가들에게 영국 파운드와 미국 달러를 위조하라고 강요했단다.

위조지폐를 방지하는 다양한 기술

화폐 위조는 경제가 잘 돌아가기 위해 꼭 필요한 돈에 대한 믿음을 허무는 심각한 범죄야. 중세 유럽에서 가짜 돈을 만든 위조업자들은 교수형, 능지처참, 화형 등의 방식으로 사형당하는 등 아주 큰 형벌을 받았어. 미국이 식민지였던 시기에 유통된 은행권에는 '화폐를 위조하면 사형에 처한다'라는 경고 문구가 쓰여 있었어. 그런 문구가 있었어도 화폐 위조는 계속되었지. 20세기 후반 이후로 컴퓨터와 인쇄 기술이 발달하면서 지폐 위조가 훨씬 쉬워져서 위조지폐를 막는 장치 역시 매우 정교하게 발전했단다.

돋움인쇄
특정한 단어나 그림이 엠보싱 처리(인쇄 자국이 지폐 표면보다 살짝 높게 솟은 걸 말해) 되어 만져만 봐도 위조지폐 여부를 가릴 수 있는 지폐들이 많아. 이런 돋움인쇄는 위조 방지 장치일 뿐만 아니라 시력이 좋지 않은 사람들에게도 도움이 된단다.

색상 이동 잉크
지폐를 보는 각도에 따라 두 가지 색상으로 다르게 보이는 기술이 적용된 잉크가 있어. 이를 '색상 이동 잉크' 또는 '광학 가변 잉크'라고 불러. 이 기술은 미국 달러, 캐나다 달러, 호주 달러에 쓰인단다.

워터마크
'워터마크'는 종이를 빛에 가까이 댈 때 보이는, 종이 안에 새겨진 무늬나 그림을 말해. 워터마크는 지폐에 위조 방지 장치로 흔히 쓰이는 기술이야.

미세 인쇄
미세 인쇄는 돋보기나 현미경을 써야만 읽을 수 있을 정도로 글자나 무늬를 아주 작게 인쇄하는 기술이야. 맨눈으로 보면 평범한 선처럼 보이지만 싱가포르 달러 뒷면에는 싱가포르 국가의 전체 가사가 미세 인쇄되어 있어.

보안선
보안 선은 지폐가 인쇄된 종이에 실처럼 꿰어진 가느다란 띠 같은 선이야. 실처럼 꿰어졌기 때문에 지폐 양면에서 부분적으로만 보이지. 보안선은 얇은 금속이나 플라스틱 소재로 만들어지고 문자나 숫자가 새겨져 있기도 해.

홀로그램
'홀로그램(3차원 이미지)'은 1998년부터 위조지폐 방지 장치로 사용되기 시작해서 요즘은 97개국 지폐에 쓰여. 홀로그램이 들어간 지폐는 꼭 3차원 물체처럼 어느 각도에서 보는지에 따라 다른 모습으로 보여.

지폐의 소재
지폐는 종종 평범한 사람들이 사지 못하는 특수한 종이에 인쇄되기도 한단다. 미국 달러를 인쇄하는 종이는 리넨 1/4, 순면 3/4 그리고 붉고 푸른 보안 섬유가 섞인 소재야. 영국 파운드는 위조하기 어려운 특수한 공정을 거친 폴리머 소재에 인쇄해.

돈이 보이지 않는다

20세기 후반부터 사람들의 지갑에서 현금이 사라지기 시작했어. 요즘은 가게나 버스에 설치된 스캐너에 카드나 휴대폰을 대면 은행 계좌에서 돈이 빠져나가지. 매일 매시간 돈은 이 계좌에서 저 계좌로 끊임없이 돌고 돌지만 그 과정이 눈에 직접 보이지는 않아. 돈에는 언제나 우리 모두가 믿고 있기 때문에 작동하는 마법이자 환상 같은 면이 있었어. 최근에는 정보 통신 기술이 급속히 발달해서 현금을 흔히 볼 수 없을 정도야. 더 마법 같아졌다고 할까?

종이돈 안녕!

아주 오랜 시간 동안 돈은 슬슬 그 모습을 감추고 있었어. 은행권은 맨 처음에는 은행에 금을 맡긴 뒤 받는 영수증이었다고 했지? 그때 은행권은 돈을 상징했지만 그 자체가 돈은 아니었어. 금을 항상 가지고 다니는 것보다 종이를 들고 다니는 것이 편해서 만들어진 거지. 어쨌든 은행권도 직접 만질 수 있는 실체였어. 하지만 그 옛날 금을 이고 지고 다니는 것이 불편했던 것처럼 현대에 와서는 종이돈을 들고 다니는 것이 불편하게 된 거지. 현금을 아예 들고 다니지 않고 버튼을 눌러서 전자 결제로 돈을 주고받는 요즘 방식이 더 편해. 돈이 두둑하게 든 지갑을 훔치는 것보다 은행 계좌 비밀번호를 알아내는 일이 더 어려우니까 이 방식이 더 안전하기도 해.

그래도 현금이 여전히 필요한 이유

전자결제가 흔해졌지만 아직도 현금은 사회적으로 중요한 역할을 해.

- 현금은 인터넷이나 전기가 끊어져도 쓸 수 있는 유일한 결제수단이야. 카드를 잃어버리거나 카드 결제기에 전원이 들어오지 않을 때 현금으로 결제할 수 있지.

- 현금은 법정통화이기 때문에 가게나 레스토랑에서 거절할 수 없어.

- 현금을 쓰면 사생활을 보호할 수 있어. 전자결제는 카드 회사나 정부에서 추적할 수 있지만 현금 결제는 정보를 남기지 않으니까 말이야.

- 어린이나 노인, 소득이 극히 낮은 사람들처럼 은행 계좌가 없거나 은행에 접근하기 힘든 사람들은 현금이 있어야 물건을 사거나 돈을 모을 수 있지.

돈이 진화하다

1978년: 직불카드
20세기 중반에 신용카드가 등장하면서 (44~45쪽 참고) 사람들은 현금을 덜 쓰기 시작했어. 1978년에는 '직불카드'가 처음 만들어졌지. 직불카드는 카드 주인의 은행 계좌에서 바로 돈을 인출해 가는 카드야(신용카드는 돈을 빌려서 쓰는 거지만 직불카드는 계좌에 있는 돈을 꺼내 쓰는 거야).

1980년: 결제용 단말기
신용카드 리더기라고 불리는 결제용 단말기는 1980년대 초반에 등장했어. 가게 주인들이 신용카드 결제를 빠르고 간편하게 처리할 수 있게 됐지.

1993년: 월드 와이드 웹
'월드 와이드 웹'이 쓰이기 시작하면서 컴퓨터는 세상을 연결했어. '전자상거래' 또는 '온라인 전자 상거래'의 시대가 시작됐어.

1994년: 최초의 온라인 판매
그해 8월 댄 콘이라는 사람이 인터넷으로 친구에게 그룹 '스팅'의 음반을 팔았어. 역사상 최초의 온라인 판매였단다.

1995년: 아마존
제프 베이조스가 인터넷 서점 '아마존'을 열었어. 오픈한 지 한 달도 되지 않아 45개 나라에 책을 배송하게 되었지.

1998년: 페이팔
전자상거래 결제 시스템인 '페이팔'이 등장했어. 페이팔은 전자 소비자들은 판매자에게 신용카드나 계좌 정보를 넘길 필요가 없어져 더 안전한 온라인 상거래를 할 수 있게 되었단다.

2011년: 디지털 지갑
'구글 월렛'이 출시되며 디지털 지갑 시대가 열렸어. 휴대전화에 은행 계좌 정보를 저장해 현금이나 카드 없이 물건을 살 수 있게 됐지.

2014년: 스마트폰 결제
'애플'에서 아이폰으로 물건을 살 수 있는 '애플페이' 서비스를 시작했어.

2021년: 온라인 상거래 폭증
코로나19가 전 세계에서 유행하면서 온라인 상거래 판매가 폭발적으로 늘었어. 2021년에는 온라인 상거래 매출이 전 세계적으로 27.6% 늘어났고, 전체 매출액이 4.3조 미국 달러에 달했어.

대체화폐

돈이라고 하면 흔히 파운드, 달러, 원 같은 통화를 떠올리지만, 다른 종류의 돈도 있어. 이 돈은 중앙은행에서 발행하지 않고, 법정통화도 아니고 사용할 수 있는 곳이 딱 정해져 있어. 그런데 정해진 곳에서는 진짜 화폐처럼 실제 물건이나 서비스와 교환할 수 있거든. 이런 돈을 바로 '대체화폐'라고 해. 가장 흔한 대체화폐는 상품권이나 교환권, 할인권, 이용권 등이야. 요즘에는 '보완화폐'나 '가상화폐' 같은 새로운 종류의 대체화폐도 쓰이고 있어.

임금 대용 쿠폰

역사적으로 보면 '임금 대용 쿠폰'은 노동자를 착취할 목적으로 현금 대신 지급하는 종이였어. 19세기에 미국 탄광이나 벌목장에서 일하던 노동자들은 임금을 현금으로 받지 않고 '임금 대용 쿠폰'으로 받는 경우가 흔했어. 노동자들은 회사가 소유한 가게에 가서 회사 마음대로 비싼 가격을 붙인 생필품을 어쩔 수 없이 사야 했지.

보완화폐

보완화폐는 점점 더 널리 쓰이고 있어. 오늘날 쓰이는 보완화폐는 대략 300가지 종류야. 보완화폐는 지역 경제를 활발하게 하고, 환경에도 좋고, 사람들이 선행을 하게 북돋는 등 여러 가지 장점이 있어.

보완화폐의 한 종류인 지역화폐는 자기가 사는 지역에서만 거래되는 화폐로, 지역의 상거래에 활기를 불어넣는단다. 지역화폐에는 미국 매사추세츠주의 버크셔에서 쓰는 '버크셰어', 영국 런던의 브릭스턴에서 쓰는 '브릭스턴 파운드', 독일 바이에른주에서 쓰는 '힘가우어', 우리나라 '서울페이', '경기페이' 등이 있어. 지역 거주자들이 자기가 살고 있는 지역에서 소비하도록 독려하는 역할을 해.

유럽연합에서는 기업의 탄소 배출을 줄이기 위해 일종의 보상금으로 '탄소 크레디트'을 발행해. 기업에서 탄소를 합법적으로 배출하려면 탄소 크레디트를 무조건 사야 하고, 탄소 배출량을 줄이면 탄소 크레디트를 모을 수도 있어. 기업은 이렇게 모은 것을 다른 기업에 판매할 수 있지.

일본에서 쓰는 보완화폐 중에는 '후레아이 키푸'라는 돌봄 티켓이 있어. 노인을 돕는 봉사활동을 하면 그 시간만큼 보상금을 받는 거야. 봉사자는 이렇게 받은 보상금을 모아서 돌봄이 필요한 순간에 교환하거나 도움이 필요한 다른 사람에게 넘겨줄 수도 있어.

가상화폐란?

가상화폐는 21세기 초에 개발됐어. 가상화폐의 가장 큰 특징은 지폐나 동전처럼 물리적인 형태 없이 전산상으로만 존재한다는 거야. 가상화폐는 오직 모바일이나 컴퓨터 앱에서만 존재해. 또 정부나 중앙은행에서 발행하지 않고 사기업에서 발행하지.

쿠폰

기업에서는 고객의 충성도를 높이기 위해 종이에 인쇄한 할인 쿠폰 등을 뿌리곤 했어. 요즘은 이런 쿠폰이 가상화폐 형태로 제공된단다. 예를 들면 항공사에서 비행기를 자주 타는 고객에게 적립해 주는 '마일리지', 마트의 단골 혜택 제도, 신용카드 '리워드' 등이 있지. 이런 쿠폰은 물건으로 교환하거나 할인 받을 때 쓸 수 있지만 현금으로 바꿀 수는 없어. 또 사용 기한이 정해져 있거나 특정 품목에만 적용할 수 있는 등 조건이 걸려 있는 경우가 대부분이야.

게임 머니

월드 오브 워크래프트®같은 온라인 게임을 할 때 쓰는 '게임 머니'도 가상화폐의 한 종류야. 게임 머니는 현실 경제와 아무 연관이 없고 게임 밖에서는 쓸 수 없어. 현실에서 쓰는 진짜 돈으로 게임 머니를 거래하는 비공식적인 시장도 있지만, 보통 게임 회사에서는 그런 거래를 금지한단다.

암호화폐란?

암호화폐는 가상화폐(73쪽 참고)의 한 종류야. 암호화폐는 디지털 형식으로만 존재하고 정부나 은행 같은 중앙 권력이 보장하지 않는 화폐야. 대신 암호화폐 사용자들은 돈을 주고받을 때 투명한 방식을 써서 암호화폐 시스템을 자율적으로 규제한단다. 암호화폐 거래는 '블록체인'이라고 하는 공개된 회계장부(금융 기록을 모은 문서 같은 거야)에 기록되지. 투명하고 안전한 거래를 위해 데이터 암호화(제3자가 알아볼 수 없게 거래 내역을 비밀 코드로 바꾸는 기술이야)를 거치기 때문에 암호화폐라는 이름을 얻게 되었단다.

비트코인

최초의 암호화폐는 2009년에 만들어진 '비트코인'이야. 사토시 나카모토라는 가명을 쓰는 개인(여러 명일 수도 있지만)이 만들었어. 정부나 중앙은행 등 권력이 규제하기보다는 그 화폐를 쓰는 사람들이 통제할 수 있는 화폐를 만들자는 생각에서 시작했지. 비트코인은 현재 가장 강력하고 가치가 높은 암호화폐야. 처음에는 결제수단으로 설계했지만 암호화폐를 돈의 일종으로 받아주는 곳이 별로 없어서 요즘 비트코인은 경제적 가치를 저장하는 수단으로 쓰이고 있지.

가치가 마구 변해

비트코인의 값어치는 마구 요동치며 움직여. 2010년 겨울, 비트코인 1개를 미국 달러 0.1달러면 살 수 있었어. 하지만 2021년 11월에는 비트코인 한 개가 미국 달러 68,000달러, 한화 약 8,000만 원까지 치솟았지. 이듬해 10월에는 한화 약 2,400만 원 정도로 떨어졌어. 비트코인을 그때그때 사고팔면서 이익을 남기는 투기꾼들이 때때로 비트코인 가격을 급격하게 오르내리게 하기도 했지.

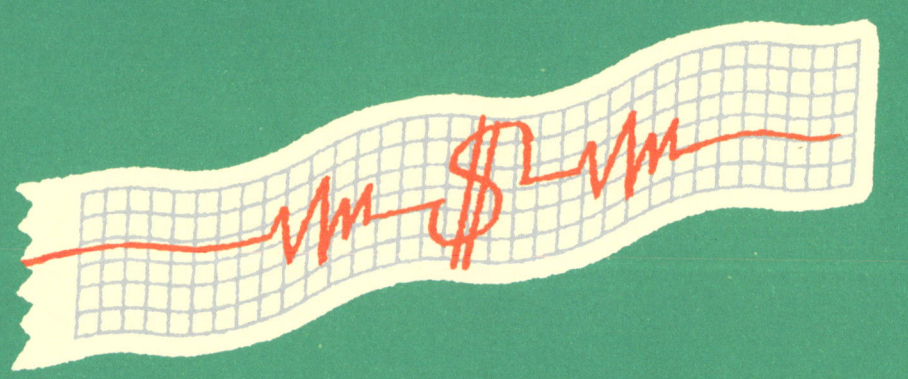

한정되어 있어

암호화폐는 개수가 정해져 있다는 희소성 때문에 가치가 있어. 채굴할 수 있고 시중에 유통될 수 있는 비트코인의 개수가 한정되어 있거든. 갈수록 비트코인은 더 찾기 어려워지고, 채굴하려면 더 많은 컴퓨터 전력이 필요하지. 비트코인을 마지막으로 채굴할 수 있는 시점은 2040년 정도가 될 거라고 예측해.

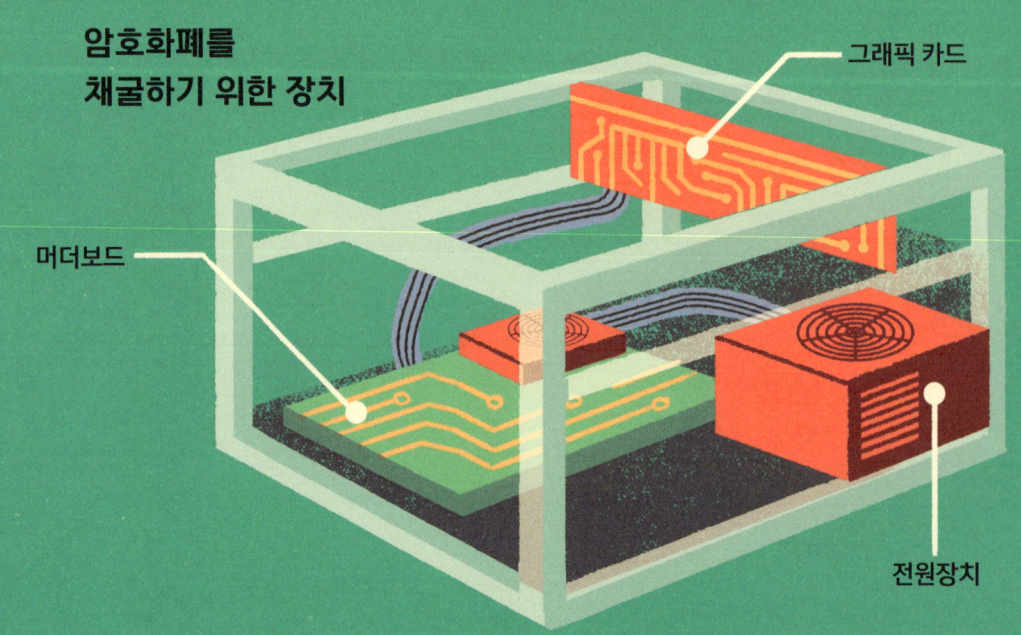

암호화폐를 채굴하기 위한 장치 — 그래픽 카드, 머더보드, 전원장치

암호화폐는 어떻게 작동할까

블록체인

블록체인은 암호화폐 거래 내역을 기록하는 시스템이야. 블록이 층층이 연결된 기록이라서 블록체인이라고 부르지. 각각의 블록에는 다양한 거래 내역이 들어 있어. 블록체인에 새로운 거래가 발생할 때는 이 거래 내역이 모든 거래 참여자의 장부에 기록돼. 블록체인을 구성하는 블록 중 하나가 달라지면 모든 사람이 그 변화를 알 수 있기 때문에 거래 내역을 속이는 일은 거의 불가능하지.

코인 채굴 또는 구매

암호화폐는 '코인'이라는 단어를 쓴다. 코인은 '채굴'이라고 알려진 과정을 통해 만들어지는데, 채굴은 컴퓨터를 활용해서 아주 복잡한 수학 문제를 푸는 과정이야. 이 문제를 다 풀면 코인이 만들어진다. 코인을 직접 채굴하지 않고 암호화폐를 사고파는 개인이나 거래소를 통해 구매할 수도 있어.

① 새로운 코인을 채굴하거나 구매하기

② 거래 요청하기

③ 블록 생성하기

④ 블록 인증하기

⑤ 블록체인에 블록을 추가하기

⑥ 거래 완료

디지털 지갑

암호화폐 소유자들은 디지털 지갑에 자신의 코인을 보관해. 이 지갑은 만질 수 있는 실체는 아니고, 코인에 접근할 수 있는 암호를 저장하는 컴퓨터 프로그램이야. 암호화폐 디지털 지갑에는 공유 키(지갑 주소라고도 불려)와 지갑 주인만 알고 있는 비밀 키가 있어. 비밀 키는 암호화폐 거래 인증을 할 때 필요하단다.

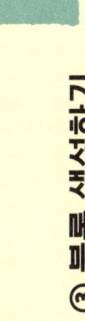

돈의 미래는?

돈은 금처럼 값어치 있는 품목으로 시작해서 금이 그 가치를 떠받치는 은행권으로 변화했고 마지막으로는 명목화폐 즉 정부가 보증하는 은행권이 되었어. 오늘날에는 실제 현금 거래가 전자 통신을 통한 은행 거래로 대체되는 등 돈은 점점 보이지 않는 무언가가 되고 있지. 미래에 기술이 더 발전하면 돈과 신용은 또 새로운 네트워크에 존재하는 무언가로 다르게 변화할 거야. 그러면 금융거래도 더 쉽고 편해지겠지.

중앙은행 디지털 화폐

오늘날, 중앙은행들도 자기 나라의 화폐를 디지털 형태로 개발하고 있어. 이렇게 디지털화된 국가 화폐를 'CBDC' 또는 '중앙은행 디지털 화폐'라고 불러. 암호화폐와는 다르게 CBDC는 중앙은행과 정부가 보증하기 때문에 가치가 요동치지 않아. 중앙 권력의 규제를 받으니 거래 인증을 위해 블록체인 기술을 쓸 필요도 없지. CBDC는 달러나 센트 같은 단위로 발행되고 현금 단위와 정확히 같은 가치를 가져. 화폐 위조를 방지하기 위해 각각의 화폐가 고유한 식별 정보를 갖게 될 거야. 중앙은행 디지털 화폐 발행안 중에는 중앙은행에서 모든 시민에게 계좌를 제공해서 중앙은행과 개인을 직접 연결하는 고리를 만들겠다는 기획도 있어.

중앙은행 디지털 화폐의 위험성

감시하는 수단이 될 수도 있다
자칫 잘못하면 CBDC는 사람들을 감시하고 통제하는 수단이 될 수도 있어. 모든 거래 내역이 기록되기에 정부에서 사람들이 돈을 어떻게 벌고 쓰는지 들여다볼 수 있으니 말이야.

처벌하는 수단이 될 수도 있다
CBDC는 반정부 시위에 참여하는 등 정부에 반대하는 활동을 한 사람들에게 벌을 주는 수단으로 쓰일 수도 있어. 정부가 계좌에서 돈을 빼 버리거나, 물가나 이자율을 올려 버리는 방법으로 맘에 들지 않는 시민을 혼낼 수 있는 거지.

지출을 통제하는 수단이 될 수도 있다
경기가 좋지 않을 때는 정부에서 CBDC에 사용 기한을 설정하는 식으로 돈을 모으지 말고 쓰라고 강요할 수도 있어. 특정 날짜 이후에는 돈이 없어지는 상황이라면 사람들은 기한 내에 돈을 다 쓸 거고, 그러면 일시적으로 경제 지표가 좋아질 테니 말이야.

중앙은행 디지털 화폐의 장점

빠르고 쉽다
사람들이 시중 은행을 거치지 않고 직접 송금할 수 있으니 거래가 빨라지고 은행 수수료도 들지 않을 거야. 외국에 돈을 보내는 것도 더 쉬워지겠지.

돈의 출처와 움직임을 파악하기 쉽다
중앙은행에서 시중에 풀린 모든 돈이 어디서 어떻게 거래되는지 파악할 수 있으니 정부에서는 세금을 더 정확하게 걷을 수 있고, 범죄로 벌어들인 검은돈도 쉽게 추적할 수 있지. 또 사회복지에 쓰이는 돈을 분배할 때도 도움이 될 거야.

모두를 위한 금융
오늘날, 전 세계 성인 중 17억 명 정도가 은행 계좌를 가지고 있지 않다고 해. CBDC 시스템을 통해 모두가 은행 계좌를 갖게 된다면 여러 장애 때문에 금융 서비스에 접근할 수 없는 사람들도 금융 서비스 혜택을 누릴 수 있겠지.

핀테크

오늘날 금융 서비스 산업은 컴퓨터 기술을 통해 다양한 혁신을 이루고 있어. 이 모든 금융 기술을 통틀어 '핀테크'라고 불러. 요즘은 스마트폰 응용프로그램이 있으면 무언가 사고팔고, 돈을 벌거나 빌리기도 하고 투자도 할 수 있잖아. 이런 혁신은 주요 은행보다는 기술 기반 창업 회사들이 대부분 주도하고 있어. 핀테크 산업은 이미 존재하는 거대한 금융기관을 위협할 정도로 커질 수도 있단다.

P2P 대출

핀테크가 만든 혁신 중에는 돈을 빌리는 사람들을 빌려주는 사람들과 직접 연결하는 P2P 대출 사이트가 있어. 모아 둔 돈이 있는 사람들이 대출 웹사이트에 계좌를 열어 목돈을 넣어 두면 대출이 필요한 사람들 여럿이 그 돈을 쪼개서 빌리는 거지. 이때 돈을 빌리는 사람들의 신용도에 따라 대출 상환 위험도를 다르게 분류해서 각기 다른 이율을 적용할 수 있지. 채무자와 채권자는 대출 조건을 협상할 수도 있어.

돈과 인공지능

인공지능(AI)은 금융의 미래에 아주 큰 역할을 하게 될 거야. 사람들의 재정 상황과 소비 습관을 분석하면 돈을 어떻게 소비하고 투자할 것인지 더 현명한 결정을 내릴 수 있지. 의심스러운 신용카드 사용을 잡아내서 금융 사기를 방지하는 수단으로 AI를 활용할 수도 있어. 은행에서는 고객의 간단한 상담 요청을 처리할 때 대화형 AI 또는 인공지능 챗봇을 활용해 상담원을 고용하는 비용을 줄이기도 한단다.

용어 해설

경매
사겠다는 사람이 여럿일 때 가장 높은 금액을 부른 사람에게 물건이나 부동산을 매매하는 일.

경제
상품과 서비스가 만들어지고 소비되면서 돈이 도는 시스템.

고리대금업
아주 높은 이자를 받고 돈을 빌려주는 일. 예전에는 돈을 빌려주고 이자를 받는 일을 통틀어 일컫는 말이었지만 지금은 뜻이 달라진 단어.

교환 수단
다른 물건과 맞바꾸는 것. 돈의 역할 중 하나.

금본위제
화폐의 가치가 금 가격에 연동된 시스템. 금본위제에서는 화폐를 금으로 교환할 수 있음.

담보
빚을 갚겠다고 보증하기 위해 내놓는 물건. 빚을 갚지 못하면 돈을 빌려준 사람이 돈 대신 담보를 가져갈 수 있다.

당좌 대월
계좌에 돈이 없어도 돈을 인출해서 쓸 수 있게 은행과 고객이 합의한 계좌. 마이너스 통장이라고도 함.

대규모 예금 인출 사태
은행에 돈을 맡긴 고객들이 동시에 몰려와 돈을 인출하려고 하는 응급 상황. 그러나 은행은 부분지급준비제도 때문에 한번에 그렇게 많은 돈을 돌려줄 수 없음.

대체화폐
특정 물건이나 서비스로 교환할 수 있는 화폐의 한 종류로 회사나 지방 정부 등에서 발행함. 보통 사용 기한이 정해져 있음.

대표화폐
금이나 은처럼 값어치가 높은 물건을 상징하는 화폐. 대표화폐는 정해진 비율에 따라 금이나 은으로 교환할 수 있다.

동전 훼손
동전에 들어있는 귀중한 금속을 떼어 내서 물품화폐의 가치를 떨어뜨리는 것.

명목화폐(교환 불가 화폐)
귀금속 등 가치 있는 물건이 아니라 정부의 권위가 가치를 보장하는 돈.

물품화폐
화폐의 기능을 했던 상품. 금, 은, 곡물, 가축 등이 있음.

배당금
회사가 낸 이윤 중 일부를 그 회사에 투자한 주주들에게 정기적으로 주는 것.

법정통화
물건이나 서비스를 구매하거나 빚을 갚을 때 내는, 법으로 정한 동전이나 지폐.

보험
개인이나 기업이 보험회사와 맺는 계약. 고객이 정기적으로 돈을 내면 보험회사는 고객이 다치거나 병에 걸리거나 사망해서 입은 손해를 보상함.

부가가치세(VAT)
상품이나 서비스를 생산하는 모든 단계에서 내는 세금. 마지막 단계에서 그 상품이나 서비스를 사는 소비자도 부가가치세를 냄.

부분지급준비제도
고객이 은행에 예금을 맡기면 은행은 그 돈의 일부만 남기고 나머지를 다른 고객들에게 대출해 주는 제도.

불경기
경제가 나빠지는 시기.

불황
불경기가 오랫동안 이어지는 것.

수표
은행 계좌에서 돈을 빼서 결제할 때 작성하는 종이.

신용
물건이나 서비스 가격을 바로 지불하지 않아도 그것을 구매할 수 있는 능력. 소비자가 미래에 돈을 낼 것이라는 믿음에 기초함.

암호화폐
중앙은행이나 정부가 통제하지 않는, 온라인에서 만들어지고 거래되는 디지털 통화. 암호화폐 거래 내역은 암호화 기술(비밀 코드)을 쓰는 시스템으로 추적 및 기록됨.

약속어음
발행한 사람이 그 어음을 가지고 있는 사람에게 일정한 금액을 지불할 것을 약속하여 발행하는 어음.

위조업자
남을 속이려고 돈처럼 가치 있는 것을 똑같이 닮게 만드는 사람.

액면가
지폐에 쓰여 있는 금액.

이자
돈을 빌리는 대가로 빌린 돈에 정해진 비율을 곱해 주기적으로 내는 돈.

인플레이션
돈의 구매력이 떨어지면서 물가가 전반적으로 오르는 것.

자본
투자하거나 사업을 시작할 때 필요한 돈이나 자산 형태의 부.

전당포
값어치가 나가는 물건을 받고 돈을 빌려주는 가게.

전자화폐
실체를 가진 화폐는 아니지만 컴퓨터 네트워크를 통해 화폐의 기능을 하는 화폐.

조세 회피처
세금이 낮은 국가 또는 지역. 세금이 높은 국가의 사람이나 기업들이 세금을 적게 내려고 조세 회피처로 거점을 옮기곤 함.

주식
회사가 자본을 모으기 위해 회사 지분을 일정한 비율로 쪼개서 파는 것.

중앙은행
한 나라의 정부나 은행업 전반에 금융과 은행 서비스를 제공하는 국립은행. 중앙은행은 화폐 발행을 책임진다.

지분
공유물이나 공유재산 등에서 공유자가 가지는 몫 또는 그 비율.

채권
정부나 기업이 빌린 돈을 정해진 날짜에 정해진 이자율을 더해 갚겠다는 약속을 증서 형태로 발행한 것.

초인플레이션
물가가 해마다 600% 이상 크게 오르는 현상.

캐럿
금의 순도를 측정하는 단위. 순금을 24캐럿으로 계산함.

파산
빚을 갚을 수 없는 상황이라고 판사가 법정에서 선고하는 일.

환율
어떤 통화의 가치를 다른 통화에 비교한 비율.

글 **알렉스 울프**
어린이와 어른까지 전 연령대의 독자들을 위한 교양서와 소설을 써 온 작가예요.
상어, 로봇, 소행성과 초콜릿 등 다양한 주제를 다룬 교양서를 썼고,
2021년에는 논픽션 『과학자처럼 생각하기』로 권위 있는 ASE 상을 받았어요.
2024년에는 청소년 타임슬립 소설 『내가 두 번 산 해』로 독자 선호상을 받았어요.

그림 **닉 테일러**
영국 노팅엄셔에 사는 일러스트레이터이자 그래픽 아티스트예요.
판화를 전공했고, 디지털 기술을 활용한 다양한 작업을 하고 있어요.
첫 책 『어린이를 위한 놀라운 의학사』는 풍부한 색채와
생생하고 개성 넘치는 장면 묘사로 호평을 받고 있어요.

옮김 **이규리**
이화여자대학교에서 철학을 전공했고 세상과 사람을 더 잘 알고 싶어서
읽고 쓰는 일을 직업으로 택했어요. 주된 관심 분야는
철학, 역사, 여성들의 관점과 이야기예요. 글밥아카데미를 수료한 뒤
바른번역 소속 번역가로 활동하고 있고
『알아 두면 쓸모 있는 철학 상식 사전』을 우리말로 옮겼어요.

역사의 시작부터 마무리까지 책임지는 **너머학교의 역사책**

| 너머학교 역사 그림책 시리즈 |

아마존에서 조선까지 고무 따라 역사 여행
최재인 글 | 이광익 그림

조선에서 파리까지 편지 따라 역사 여행
조현범 글 | 강전희 그림

식탁에서 약국까지 설탕 따라 역사 여행
김곰 글 | 김소영 그림

하늘로 날아
샐리 덩 글 · 그림 | 허미경 옮김

세종로 1번지 경복궁 역사 여행
장지연 글 | 여미경 그림

망치질하는 어머니들 깡깡이마을 역사 여행
박진명 글 | 김민정 그림

한강에 살아요
장지연 글 | 전지 그림

용산이 꿈틀꿈틀
이명석 글 | 김민정 그림

시간의 지도 정말 아름다운 세계사
톰마소 마이오렐리 글 | 카를라 마네아 그림 | 주효숙 옮김

색의 지도 빛, 안료, 그리고 아름다운 시선
톰마소 마이오렐리 글 | 카를라 마네아 그림 | 주효숙 옮김

어린이 의학도를 위한 놀라운 의학사
브라이오니 허드슨 글 | 닉 테일러 그림 | 신동경 옮김

지운, 지워지지 않는
엘리자베스 파트리지 글 | 로런 타마키 그림 | 강효원 옮김

| 너머학교 역사 교실 시리즈 |

중국 이야기 다시 천하의 중심을 꿈꾸다
허용우 글 | 장숙희 그림

나의 첫 세계사 타이완 공부
쉬야오윈 글 | 쥬쯔 그림 | 신주리 옮김

| 너머학교 톡톡 지식그림책 시리즈 |

1 타다, 아폴로 11호
브라이언 플로카 글 · 그림 | 이강환 옮김

2 증기기관차 대륙을 달리다
브라이언 플로카 글 · 그림 | 유만선 옮김

3 밤하늘을 봐!
제이컵 크레이머 글 | 스테파니 숄츠 그림 | 하미나 옮김

4 얼음이 바사삭 그림 사전
레나 회베리 글 · 그림 | 신동경 옮김

5 손은 똑똑해
마그다 가르굴라코바 글 | 비체츠슬라프 메츠네르 그림 | 신동경 옮김

6 똑똑한 기계들 사이에서
코시코사 글 | 안나 세이사스 그림 | 임수진 옮김

7 백신은 똑똑해
마르크 판란스트 · 헤이르트 바우카에르트 글 | 카탕카 판데르산더 그림 | 신동경 옮김

8 플라잉메이저호의 세계 일주 하늘 여행
고마야스칸 글 · 그림 | 최진선 옮김

9 유전자는 왜 그럴까?
카를라 해프너 글 | 미케 샤이어 그림 | 신동경 옮김

10 알이 데굴데굴 그림 사전
레나 회베리 글 · 그림 | 신동경 옮김

11 심장이 쿵! 쿵! 그림 사전
레나 회베리 글 · 그림 | 신동규 옮김

12 미로, 지하철, 벙커까지 세계 터널 탐험
키코 산체스 글 · 그림 | 임수진 옮김

13 집으로 가득찬 책
율리 더 흐라프 글 | 피터르 판 에이노허 그림 | 신동경 옮김

14 지구를 위한 분해 연습
로베르타 바르차기 · 에마누엘레 브레벨리에리 글
줄리아 베르나르델리 사진 | 주효숙 옮김 | 유상운 감수